龍馬を殺した男 西郷隆盛

大野富次

錦の御旗
（高知県立高知城歴史博物館蔵）
鳥羽・伏見の戦いでひるがえったもの。

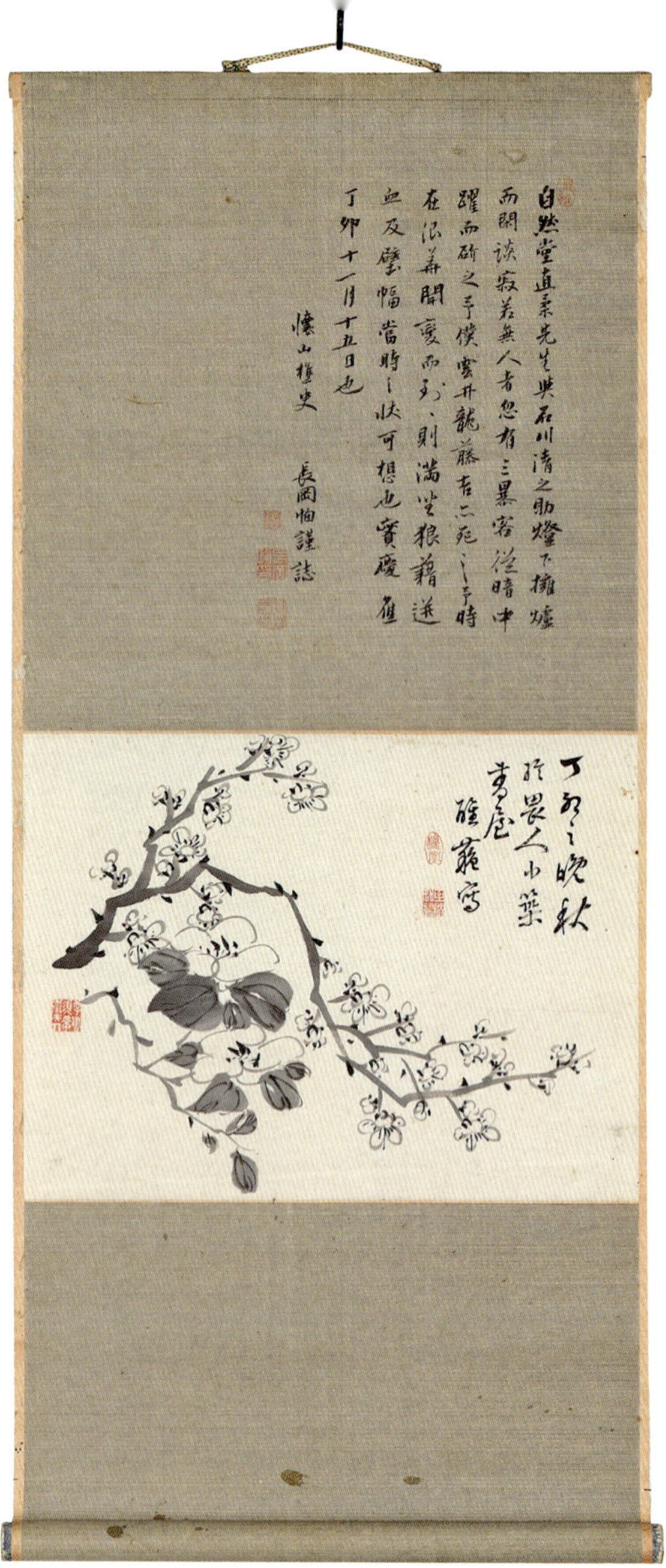

〔重文〕血染掛軸「梅椿図」
（板倉槐堂筆、京都国立博物館蔵）

はじめに

「上野の西郷さん」といえば、上野公園にある西郷隆盛像のことである。私は昭和三十三年の小学校修学旅行で見学した想い出がある。今では、上野の森の美術館や国立博物館・動物園・教育施設などが整備され、総合的観光ゾーンとして多くの人たちから親しまれているが、当時は、渋谷の「ハチ公」のように上野といえば「西郷さん」が代名詞となっていた。

西郷隆盛といえば、明治維新の英雄であり、明治政府の陸軍大将であった。そんな人物が、なぜ浴衣《ゆかた》姿で犬を連れているのだろう。また、西郷はその後、西南戦争で明治政府に敵対している。いわば賊軍の将となった人物を、どうして銅像を建てて顕彰する必要があるのか。

西郷は、「官」と「賊」を往復した人物である。逆徒となった西郷を、元薩摩藩士・吉井友実（幸輔）らが中心となって政府を巻き込み、銅像の建立となったのも不思議であるが、これ自体が、百年先を見据えた「薩長史観」の実相と考えられる。

史実は、その時代の権力者の有利な方向に曲げられる傾向があるが、明治以降戦前（昭和二十年）に至るまで、この「薩長史観」は教科書を通して生き続けたことになる。

この事を如実に語ったのは、近現代史に詳しい作家・半藤一利である。

「私は昭和五年（一九三〇）に東京は向島に生まれましたが。日中戦争のはじまった昭和十二年に小学校に入学してから六年間、そして昭和十八年に入学して大日本帝国が降伏するまで中学校三年間、まさしく戦前の皇国史観、正しくは「薩長史観」によって、近代日本の成立史を徹底的に仕込まれました。つまりは、「官軍」と「賊軍」の史観です」(『幕末史』)

長岡藩は新政府軍に抵抗した賊軍とされ、半藤は、父親の実家が長岡市の寒村であることから、夏季休暇を利用して行くと、祖母から耳にタコができるほど聴かされたという。

「明治新政府だの、勲一等や二等の高位高官だのと、えばっちおるやつが、東京サにはいっぺえおるがの、あの薩長なんて連中はそもそもが泥棒そのものなんだて。七万四千石の長岡藩に無理やり喧嘩をしかけおって、五万石を奪い取っていってしもうた。なにが官僚だ。連中のいう尊皇だなんて、泥棒の屁みたいな理屈さネ」

歴史書や教科書で習わない噺《はなし》であるが、これこそ正しい歴史認識であると述べている。

明治新政府が行った残虐非道な部分は正史に載せていない。それが、「薩長史観」であり行政資料でもある。従って、官と関わりの深い研究者によって編纂された専門書・教科書類は検証すべき点が多いことになる。

私は半藤氏の説に全面的に賛同するわけではないが、教科書に載らない歴史観という点で共通のものがある。いわゆる〝正史〟とは一線を画する視点に立って、西郷隆盛の実像に迫ってみたいと思う。

龍馬を殺した男　西郷隆盛　目次

第一章　謀略家としての顔

龍馬は「航海の手先」

元治元年（一八六四）五月、勝海舟の建白により、幕府は神戸に海軍操練所の開設を許している。

坂本龍馬らはこの私塾で航海術を習うが、塾生の中には尊攘派の志士も多く、幕府の疑いの目が勝海舟に注がれる羽目となる。同年十月、幕府は勝海舟を江戸に召還することになり、半年後には海軍操練所は閉鎖となってしまう。翌、慶応元年（一八六五）五月、神戸海軍操練所の閉鎖にともない、龍馬と同志たちは退散することになるが、都合よく薩摩が引き受けることになる。

通説では薩摩藩が庇護したとされているが、実際には「航海の手先」として、臨時的に雇い入れたに過ぎない。その背景には、文久三年（一八六三）七月、前年に発生した生麦事件の報復として、イギリスは東洋艦隊七隻で鹿児島湾から城下を砲撃しており、この「薩英戦争」で薩摩藩は大打撃を受けていた。しかも、同年十一月には横浜で和議が成立し、薩摩藩は生麦事件の賠償金の支払いと犯人の処罰を要求されていた。

戦費を失い、海軍の再建が急務となった薩摩藩は、近代化を急がなくてはならなかった。その時に、運よく航海術を学んだ脱藩浪人たちがいたことから、濡れ手で粟で雇い入れることになったというのが実態である。西郷が龍馬らを庇護したのではなく、薩摩の都合で浪人たちを利用することになっただけのことである。

西郷は、薩摩藩家老・小松帯刀《たてわき》にその旨を相談しているが、小松は早速、国許の大久保一蔵（利通）に書簡を送っている。そこには、「航海の手先に使い候へば」と明記されているのである。つまり、龍馬と西郷は小説や歴史書が示すような盟友関係にあったわけではない。

余計の事ながら右辺浪人体の者を以って航海の手先に使い候へば宜しかるべくと西郷など在京中相談も致し置き候間、大坂屋敷へ内々相潜め置き候（後略）

（大久保一蔵（利通）宛小松帯刀書簡）

西郷の肝煎りで、長崎の亀山に「社中」を創設することになるが、現代風にいえば非正規社員に過ぎず、いつでも解雇できる臨時雇いということである。

現に薩摩藩が支給した給与は三両であり、隊士らの経済的面倒は龍馬個人によって賄《まかな》ったことになる。従って、西郷の恩情によって雇われたのではなく、薩摩藩の都合によるものであったことを認識しなくてはならない。

「薩長盟約」への思惑

坂本龍馬が周旋した「薩長盟約」の目的は、福井藩士村田氏寿《うじひさ》の書簡に見ることができるが、龍馬と氏寿とは、福井藩京都藩邸で長州征伐問題について意見の交換をしている。

攘夷や開国が叫ばれている中で、長州一国を諸藩が攻め立てている場合ではないとし、長州を救う考えを示している。長州と縁の深い中岡慎太郎とも合意を得ていた。長州藩士は薩摩藩に嫌悪感を抱いていたが、その一人である小田村素太郎（楫取素彦《かとりもとひこ》）の理解を得たことで、事は大きく進むことになる。

龍馬は小田村をこのように説得している。「幕府は長州一国に手古摺《てこず》っているが、薩摩と手を結ぶことで、政権交代が加速する」と。

すでに、このとき「大政奉還」を匂わせている。龍馬の要請に応えた小田村は、桂小五郎（木戸孝允）との端緒役を引き受け、西郷と桂との会談が設定される段取りをつけることになる。

前略、然ル此処ル三日坂本龍馬老兄（孝允）ヲ指付ケ宮市迄来着。同人話頭重大ノ事件モ此レ有リ、野生一同山口迄連レ帰リ、広沢松原引キ合ニ及ビ候、（中略）坂本氏直話御聞取ニ候エバ形ノ如ク御仰天ト想像奉リ候、尤モ此ノ度ノ議ニ付薩州ヨリハ余程抗論ニ及ビ候様子、此レヨリ往キノ手筈等件々此レ有ルヤニ相聞キ、西谷（西郷隆盛）内含ノ議広沢等領嘗仕リ居リ候エバ、（中略）薩ニテモ存慮此レ有ル議ニ候ハバ急速効ヲ奏シ候様神州ノ為企望仕リ候（後略）

草々

（慶応元年十月五日の小田村素太郎から桂小五郎への書簡）

西郷が下関で会う約束を無視したことで、会談は難しい局面となるが、龍馬の周旋により、薩摩藩名義で武器を買い付け、長州は兵糧を提供する交換条件を持ち出したことで、西郷との会談が、慶応二年一月二十一日、京都二本松の薩摩藩邸で開かれることになり、いわゆる、「薩長盟約」の締結が成功することになる。

この時、龍馬は、盟約の六か条に「軍事同盟」の約束はしていない。

この盟約は攻守同盟ではなく、あくまで長州が攻撃されたときには薩摩が助けることを交わした口約束であった。文書を取り交わしたわけではなく、後日、桂小五郎は西郷への不信から、あえて西郷と取り交わした約束事を六項目にまとめ、龍馬にその文書を送り、朱筆で裏書き（証明）をさせているのである。（『木戸家文書』尺牘《せきとく》・宮内庁所蔵）

（注記）薩摩と長州が協定を結ぶことになり、一般的には「薩長同盟」と称されているが、「軍事同盟」ではなく、正式には「薩長盟約」あるいは「薩長協定」が正しいことになる。

薩長盟約（六か条）

一条　戦いと相成り候は直様二千余の兵を急速差登し、只今在京の兵と合し、浪華へも千程は差置き、京坂両処を相固め候事。

二条　戦自然も我勝利と相成り候気鋒これ有り候とき、其節朝廷へ申上げ尽力の次第これ有り候との事。

三条　万一負色にこれ有り候とも、一年や半年に決、壊滅致し候と申事は、これ無き事に付、其間には、必尽力の次第これ有り候との事。

四条　是なりにて幕兵東帰せしときは朝廷へ申上、直様朝廷より御免に相成候、都合に尽力の事。

五条　兵士をも上国の上、橋会桑等も今の如き次第にて勿体なくも朝廷を奉り、正義を抗周旋尽力の道を相遮り候ときは、終に決戦に及び候外これ無きとの事。

六条　冤罪も御免の上は、双方誠心を以て相合し、皇国の御為皇威相暉御回復に立至り候を目途に誠心を尽くし、尽力仕る可との事。

龍馬へハ、松音（松原音三）小素（小田村素太郎）僕（広沢兵助）三人相対、今朝御意ヲ得オキ候通り、糧米ノ事、決定ニ及ビ置キ候

（広沢兵助（広沢真臣）が桂小五郎に宛てた書簡）

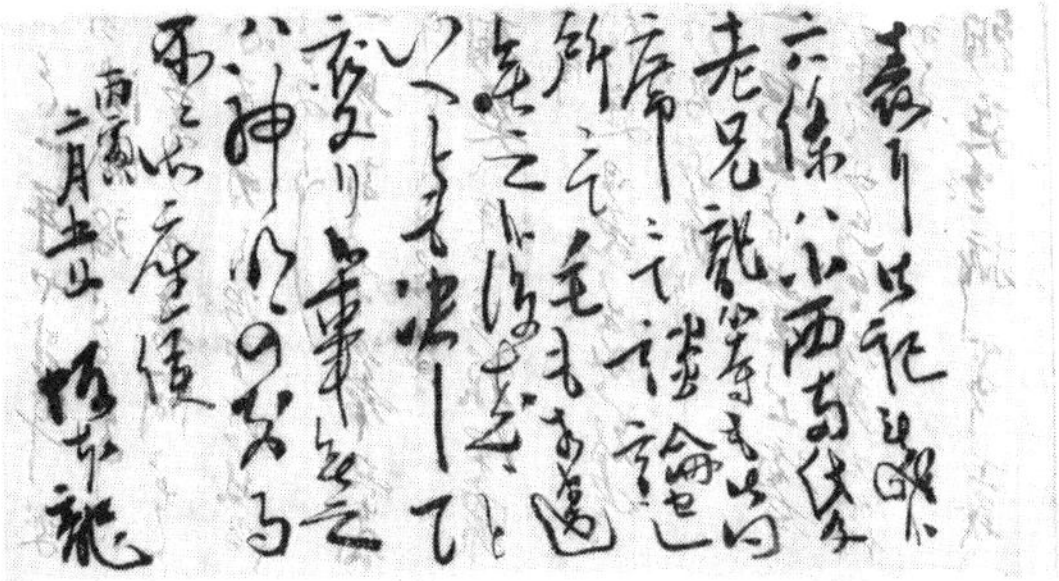

薩長同盟・坂本龍馬朱書返書（宮内庁書陵部蔵）

龍馬が「薩長盟約」を周旋した意図は、長州を救うことを前提としており、薩摩を主力とする幕府の圧力を削ぐことと、そして、平和的に「大政奉還」および「王政復古」を為し遂げることであった。幕政を転換して新政府をつくることは、西郷の目指すところと同じだが、龍馬が目指したのは討幕ではなく、無血での「倒幕」であった。

「薩土討幕密約」と「薩土密約」

文久三年（一八六三）から翌年の春にかけて、数か月間設置された諸侯会議に代わり、慶応三年（一八六七）五月四日、京都福井藩邸で松平春嶽（前越前藩主）、島津久光（薩摩藩主茂久

の父)、山内容堂(前土佐藩主)、伊達宗城(前宇和島藩主)による四侯会議が開かれた。このとき、長州藩と提携したこともあって強気の薩摩藩は、幕政に対する否定的姿勢を崩さなかった。親幕派である山内容堂や松平春嶽の反発を受け、その後の四侯会議は有名無実化することになる。

それに呼応して、慶応三年五月二十一日、薩摩藩家老・小松帯刀や西郷隆盛、吉井友実(吉井幸輔)らの仲介により、土佐藩尊王攘夷派の代表である乾《いぬい》退助(板垣退助)、谷干城《たてき》、中岡慎太郎らの過激派は京都小松邸に集まり、武力での討幕を進めることで意見が一致する。いわゆる「薩土討幕密約」である。

翌二十二日、乾退助は密約の内容を山内容堂に報告。乾と容堂は六月初旬に土佐に帰国する。そして、九月には薩摩藩主・島津久光の弟・島津備後が千五百人の兵を率いて上洛し、久光と交代することになり、駐在兵を含めた薩摩藩兵四千五百人の武装兵が、京都に常駐することになる。

(注記)『島津久光公実記』には八千五百人とある。

この事態を重く見た土佐藩穏健派の後藤象二郎、福岡藤次、寺村左膳らは、坂本龍馬や中岡慎太郎を陪席として、京都三本木の料亭吉田屋に薩摩藩の小松帯刀、大久保利通、西郷隆盛らを呼び寄せた。先の「薩土討幕密約」に釘を刺すためもあって、「武力討幕ではなく大政奉還による王政復古には論なし」とする考えを盟約するよう働きかけた。西郷らは異論もせず、この意見に同調する意向を示したことで、六月二十二日には「薩土盟約」が交わされている。

これによって、討幕過激派を封じ込めることに成功したかに見えたが、二か月も経たないうちに、西郷は手のひらを返すように「薩土盟約」を反故《ほご》にしている。

「薩土討幕密約」を企む西郷らが、龍馬や後藤象二郎の進める大政奉還を前提にした「薩土盟約」に合意したことは、不思議に思わざるを得ないが、その後の経過を考察すると、大政奉還を是とする藩内事情があったことが浮かび上がってくる。

薩摩藩は慶応三年六月の段階では、西郷や大久保らの武力討幕派と久光らによる公武合体派とで二分しており、西郷らの考えで藩を統制するまでには至っていなかった。従って、討幕派同志で密約を結び、公武合体派を安心させるために、大政奉還を是とする必要があったようにもとれる。

大政奉還と討幕の密勅

慶応三年十月十三日四ツ時（午前十時）、二条城に諸藩十万石以上の重臣たちを招集し、大政奉還について諮問がなされた。老中の板倉伊賀守勝静と若年寄格・永井玄蕃頭《げんばのかみ》尚志が座し、板倉が政権を朝廷に返す旨を伝えた後、土佐の後藤象二郎、広島の辻将曹、宇和島の都築荘蔵、岡山の牧野権六郎、薩摩藩の家老小松帯刀らが将軍徳川慶喜と面談しているが、このとき、小松が代表して「本日は誠に未曽有の御英断、感服仕奉る」と慶喜への謝辞を述べている。（『昔夢会筆記』東洋文庫）

翌十四日、慶喜は朝廷に大政奉還を上奏し、これに合わせるように、「討幕の密勅」が下りたのである。

西郷隆盛、大久保利通、吉井友実ら武力討幕派にとって、「大政奉還」は他力本願ながら賛成すべき出来事であり、幕政を終わらせるための一里塚であった。ただし、討幕派が譲れないのは「王政復古」による「所領返納」と「将軍辞任」であったかと思われる。

坂本龍馬を含め、親幕府諸藩は、徳川慶喜の退陣は認めてはおらず、武力によって片を付けなくては難しい事情もあったはずである。西郷ら討幕派はそのことを考えていたからこそ、慶応三年十月十四日、天皇への大政奉還の上奏に合わせるかたちで、討幕の密勅を獲得したのである。

西郷は「大政奉還」と「討幕の密勅」の降下を表裏一体としてとらえていた。「討幕の密勅」が降下された三日前、十月十一日、西郷隆盛らは薩摩藩挙兵の具体化について十分に詰めていた。このことは『大久保利通日記』に見ることができる。

十一日西郷早天熟評一応帰国申上出兵ハ勿論御出馬之英断を奉願内外一途之本尽して早々大挙謀らん（後略）

（『大久保利通日記』）

十一日は、慶喜が政権返上の決断を下した日である。（『板倉勝静書簡』十月十二日付）

龍馬に知らせなかった密勅工作

坂本龍馬は大政奉還論（船中八策）を土佐藩後藤象二郎に説き、後藤は、無血倒幕を前提とする「大政奉還建白書」を幕府に提出することになる。その間、龍馬はじっとしていたわけではなく、幕府の若年寄格・永井尚志役宅を訪れ、後藤の提出した建白書を慶喜に説得するよう念を押している。

慶応三年十月、将軍慶喜が大政奉還を決断したことで、龍馬の考えていた無血による政権交代は確実なものとなりつつあった。しかし、西郷はあくまで武力行使にこだわり、坂本龍馬や後藤象二郎らと交わした「薩土盟約」を反故にし、武力討幕を企む「密勅工作」を推し進めることになる。

具体的には、西郷隆盛は小松帯刀、坂本龍馬、寺村左膳、後藤象二郎らによる無血倒幕を約束した「薩土盟約」を蹴《け》り、その裏で、大政奉還成立と同時に「武力討幕」へと舵《かじ》を切っていた。それを裏づけているのは、西郷が秘かに作製を要請していた「錦の御旗」である。

慶応三年（一八六七）十月八日、西郷は大久保利通や岩倉具視と共謀して、明治天皇の外祖父にあたる前権大納言・中山忠能、正親町《おおぎまち》三条実愛《さねなる》、中御門経之ら三名の公家に「討幕の密勅」を降下するよう、書簡と賄賂《わいろ》を渡している。このときの書簡には、西郷隆盛と小松帯刀、大久保利通の三名が連署している。

国家のため干戈をもってその罪を討ち、奸凶を掃攘し、王室恢復の大業相とげたく、制すべからざる忠義暗合、会盟断策、義拳に相および候につき、伏してこいねがわくは相当の宣旨降下相成り候ところ御執奏御尽力なしくだされたく願い奉り候

（西郷と小松・大久保連記の書簡）

西郷は、「幕政の失態を期待してはロクな事はない」とし、討幕の決意をこの文書で述べている。

要請を受けた三人の公家の働きによって、六日後の十月十三日、討幕の密勅が降下されるわけであるが、この詔書の全文が同じ筆跡で書かれていたことが問題となっている。

その人物とは、岩倉具視と親しい公家・正親町三条実愛であると判明する。そこには、「徳川幕府は万民を陥れた朝敵である」と明記されているが、署名も花押もなく、「天皇睦仁」とすべき署名すらない。明らかに将軍慶喜と容保《かたもり》・定敬兄弟を、逆賊に陥れようとしたことが見て取れる。

源慶喜、累世の威を籍、カフ族の強を恃み、妄りに忠良賊害し、しばしば王命を棄絶し、遂には先帝の詔を矯めて懼れず、万民を講壑にオトシ顧みず、罪悪の至る所、神州将に傾覆せんとす。朕、今、民の父母たり、この賊にして討たずば、何を以って、上は先帝の霊に謝し、下は万民の深シウに報いむや。これ、朕の憂憤の在る所、諒闇を顧みざるは、万已むべからざれば也。汝、宜しく朕の心を休して、賊臣慶喜をテンリクし、以て速やかに回天の偉勳を奏し、生霊を山岳の安きに措くべし。此れ朕の願なれば、敢へて惑ひ懈ること無かれ

（討幕の密勅・慶応三年十月十三日）

この「密勅」は徳川慶喜の大政奉還宣言に合わせるように下されている。「大政奉還」を契機として、さらなる討幕行動に切り替えようとした西郷の思惑が見え隠れしている。しかも、この重要案件は肝心の摂政関白・二条斉敬《なりゆき》や左大臣、右大臣らには知らされていなかった。

この文書は専門家の間で、正当な公文書とは認められてはおらず、この密勅工作は、西郷らによって作為されたものと判断されている。

徳川慶喜の大政奉還が決まり、安堵した坂本龍馬は福井藩の三岡八郎に新政府の財政を任せる構想を練っていたが、その裏で、西郷は龍馬らと交わした「薩土盟約」を裏切り、武力討幕に舵を切ったのである。

この時点で、西郷は一方的に龍馬との友好関係を断つことになる。

島津久光をだました密勅

名君と称された長州藩毛利敬親や、西郷と肌の合わない薩摩藩島津久光は、西郷の思想や意見に嫌悪感を持っていた。それが突然、武力討幕に傾いたのは、明治天皇が下したとされる密勅を信じたためと考えられる。

西郷が武力で討幕行動に出るにあたり、彼を最も悩ませたのは薩摩藩の実権者・島津久光との関係である。

久光は「藩父」と呼ばれる実権者だが、典型的な「尊皇佐幕派」であり、彼の思想には討幕という考えは更々ないからである。従って、西郷が過激な行動をする度に遠島に処している。「寺田屋事件」では、藩の尊攘過激派が伏見の寺田屋に集合したことを聞きつけた久光は、文久二年（一八六二）四月二十三日の夜、鎮撫使として選抜した藩士らを寺田屋に差し向け、鎮圧するため「上意討ち」を決行している。これによって、過激派は有馬新七以下六名が討死、二名が重傷となり、二十一名は投降するなり謹慎処分となっている。

西郷はこの事件に連座してはいないが、もし連座していたならば遠島では済まされず、久光によって腹を切らされた可能性すら否定できない。それほど薩摩藩は「公議政体路線派」と「過激な討幕派」とに二分していたことになる。

加えて、家中は久光派と斉彬派とに分かれており、西郷や大久保らは斉彬派に属すことから、容易に討幕行動はできない状況にあった。それを打開するため、西郷は大久保らを誘い、秘かに岩倉具視を通じて討幕の密勅を企てたものと推察する。

天皇陛下のお墨付きが下ったことで、国許の久光父子らは信じて疑わなかったことになり、正義の行動として、藩兵は討幕へと舵を切ったものと考えられる。

西郷が命がけの賭けに出たことが功を奏し、結果的には、密勅を信じた久光父子は西郷に騙《だま》されたことになる。少しお粗末な感もあるが、当時の情報環境からすれば、当然、あり得たことである。

（前略）西郷の声望が巨大となり、いつのほどか藩全体の郷中の総頭ともいうべき存在にまで成長した。結果としてかれは久光をいわばだました形で藩軍を革命のために用い、ついには幕府をたおして、新政府をつくり、久光を呆然とさせた（後略）

（司馬遼太郎著『この国のかたち・若衆制』文藝春秋）

この文中で、司馬は「久光をいわばだました形で」藩兵を討幕のために用いたと述べているように、西郷が密勅（偽勅）を出した目的は、島津久光ら穏健派を騙すことで、薩摩藩兵を討幕の要員として派兵するに至らしめることになる。

時代が下り、昭和十一年二月に勃発した「二・二六事件」は、皇道派の陸軍青年将校の独断による決起事件であったことから未遂となる。しかし、西郷隆盛が主導した討幕行動と本質的には何ら変わるものではない。

結局、薩摩藩兵は西郷によって戦に駈り出されることになるが、西郷が国の行く末を案じて、国家のため民のために行動に移したわけではなく、あくまでも武力による討幕に心血を注いだだけである。

明治四年（一八七一）の「廃藩置県」によって、士族たちは俸禄を失うことになり、生きるすべを失くした元藩兵たちは、各地で暴動化することになる。それが、「佐賀の乱」や「萩の乱」であった。

西郷の許へ集まった元士族たちは、今度は西南戦争へと駆り出されることになり、再び悲惨な運命を迎えることになるわけである。

（注記）明治四年七月九日、西郷隆盛・西郷従道《つぐみち》・大山巌・木戸孝允・大久保利通・井上馨・山県有朋の七名が木戸邸に集まり、廃藩置県について密談して決める。その後、三条実美・岩倉具視・大隈重信の賛同を経て、七月十四日、明治政府は皇居で知藩事を集め廃藩置県を命じる。

江戸市中で放ったテロ工作

西郷隆盛の謀略行動は東国を中心に計画され、慶応三年六月下旬には薩摩藩の益満休之助・伊牟田尚平を江戸に派遣し、市中攪乱《かくらん》の工作を命じている。

この行動は七月に入るとさらに過激になる。草莽《そうもう》の志士・相楽《さがら》総三を江戸に送り込むと、浪人を掻き集めさせ、幕府の御用商人宅に押し入り、金品を強奪するなど乱暴狼藉《ろうぜき》を働かせている。

徳川慶喜が政権交代を決意し「大政奉還」となるや、治安を攪乱する戦法は更に熾烈《しれつ》さを増していく。三田の薩摩藩邸には浪士らが続々と集結し、その数は五百名に達していた。その浪士たちを「薩摩藩三田浪士」と呼ぶが、この暴力集団を戦費調達のための手先として使い、幕府の御用商人宅に押し入っては金品を強奪し、手当たり次第の狼藉を繰り返している。大胆にも江戸城二の丸に放火しているが、これは、討幕の口火を切ろうと西郷が計画した挑発行為である。現に、幕府諸藩は二千人の兵を使って、御用盗の本拠地である薩摩藩三田屋敷を焼き討ちしている。これは、まさに西郷の思う壺であった。

この事件で、薩摩藩邸にいた数十人が戦死するが、虎口を脱した相楽らは海路で大坂へ向かっている。京都でこの事を知った西郷は「我こと得たり」と狂喜したという。

西郷吉之助（隆盛）は三田邸焼討の報を聞き、秘計の成就せるを喜び、之を谷守部（谷干城）に語りて曰く、戦端開けたり、速に乾君（板垣退助）に報ぜよ

（『谷干城遺稿』）

（注記）谷干城は土佐藩尊王攘夷過激派として、西郷らとともに「薩土討幕密約」に列し、土佐藩討幕派の中心人物である乾退助（板垣退助）は谷から報告を受けることになる。

第二章　龍馬暗殺の真相Ⅰ

龍馬と西郷の関係

坂本龍馬の書簡からは、西郷に対して盟友と思われる文書は発見できない。寺田屋事件では薩摩藩に庇護されたのは事実である。しかし、西郷は討幕に傾くと、龍馬とは一線を画すことになり、双方の考え方の違いが鮮明に見えてくる。

龍馬は自由人として、国内の争い事よりも世界に目を向け、交易を盛んにして民が繁栄することを望んでいる。この考え方は、三岡八郎から学んだもので、「民富めば国富む」という考えに基づいている。一方の西郷は、生麦事件以来、東洋艦隊七隻による鹿児島への砲撃のショックと賠償金により、膨大な藩の赤字財政を再建することを強いられ、浪士である龍馬らを「航海の手先」として雇い、低賃金で使い捨てにする考えでいた。

西郷に庇護されたとは、龍馬自身も考えていなかった節がある。それは、長崎亀山に「社中」を結成した直後から、浪人を利用する薩摩に危惧を感じ、長州の広沢真臣らと「馬関商社」設立の計画を練っていたからである。

坂本龍馬
（高知県立坂本龍馬記念館 蔵）

龍馬は世界の中の日本を考え、勝海舟は日本の国を想い、西郷は国の政治よりも藩の事を優先していた。考え方が根本的に相違することから、盟友とは成り得なかったのではないか。

西郷からの絶縁

慶応三年十月十七日、西郷は「討幕の密勅」を持って薩摩に下向するにあたり、京都藩邸で吉井幸輔と桐野利秋（中村半次郎）を呼びつけ、このように命じている。

「討幕の密勅」を請けた以上は尊重すべきであるとし、拒む者がおれば朝敵と見なし、「これで封ぜよ」と刀に手をやり、何かを暗示するように大きな眼球は桐野利秋（中村半次郎）に注がれたとされる。

桐野とは「人斬り半次郎」の異名をもつ中村半次郎であるが、西郷は下向するにあたって、盟友とされた坂本龍馬には一切知らせてはいない。それは、龍馬がすでに煙たい存在となっていたことを意味する。

桂小五郎と西郷隆盛による「薩長盟約」を周旋した龍馬は、薩摩と長州の圧力を利用して幕府に大政奉還を迫ることになるが、まず、土佐の後藤象二郎に「船中八策」の原案を示し、公武合体を藩是とする土佐藩は、『大政奉還建白書』を幕府へ呈している。龍馬はその傍ら、将軍慶喜の側近である幕閣（若年寄格）・永井尚志役宅へたびたび訪れ、慶喜の政権返上を急がせている。それに対して、西郷はあくまで武力討幕を目指しており、「薩長盟約」を周旋した龍馬が幕府寄りとなったことに、西郷を含めて過激派は憎々しく思っていたことが推察できる。

（注記）「薩長盟約」の内容からして、薩摩藩と長州藩の軍事同盟ではなく、現在では「薩長同盟」とは表記しないのが通例である。

龍馬は新政権発足の議決によって討幕派を封じようとしていたが、西郷はそれをさせまいと考えていた。

龍馬遭難前の十日間

慶応三年（一八六七）十月二十四日、龍馬は土佐藩参政・後藤象二郎から託された松平春嶽の上京要請を伝えるため、土佐藩小監察・岡本健三郎とともに越前に赴いている。ただし、龍馬の主な目的は三岡八郎（由利公正）との会談であった。

三岡は横井小楠《しょうなん》が主導した「挙藩上洛計画」に連座しており、龍馬が訪れたときは蟄居《ちっきょ》中の身であったが、中根雪江の許しを得て会談を許されている。
場所は、龍馬が定宿とした山町の旅館莨屋《たばこや》である。福井藩側からは、監視に出淵伝之丞（新陰流福井藩剣術師範）が同席した。
この会談の主な内容であるが、「大政奉還」に伴い将軍慶喜は天皇に政権を移譲することになるが、龍馬は「新国家」という言葉を使い、新政府樹立に向けて三岡八郎（由利公正）に新政府の一員として財政を任せようとしていたことが、最近になって発見された資料から裏づけられている。

（注記）二〇一四年に発見された後藤象二郎に宛てた龍馬直筆の新資料によれば、三岡八郎（由利公正）を新政府に招こうとしていたことが見える（『越行の記』）。二〇一七年一月十三日に発見された龍馬直筆の書状では、龍馬は福井藩（越前藩）の重臣・中根雪江に三岡八郎の新政権への出仕を懇願している。龍馬が暗殺される五日前に認めたものと思われる。従って、十一月十日の書状である。

この時期には、『新政府綱領八策』の草稿が作成されており、将軍慶喜も政権に参加する構想を土佐藩後藤象二郎・福岡藤次・佐々木高行には伝えていたものと推察する。ただし、『新政府綱領八策』には「〇〇〇自ラ盟主ト為リ」とあり、討幕派に知られぬように名前を伏せてはいるが、龍馬が、徳川慶喜を新政権の盟主にあげていたのは明らかである。

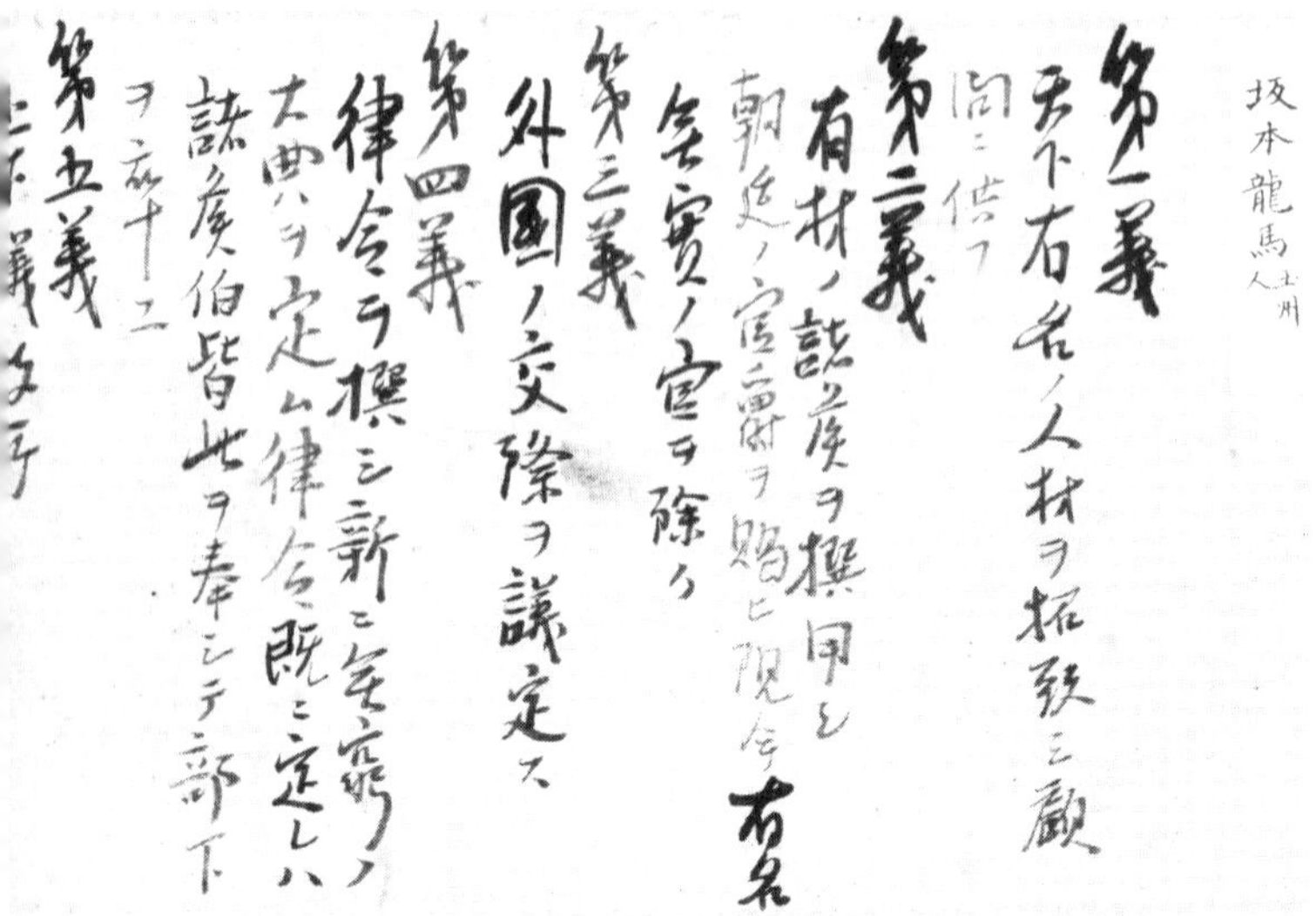
坂本龍馬 土州人
第一義
天下有名ノ人材ヲ招致シ顧
問ニ供フ
第二義
有材ノ諸侯ヲ撰用シ
朝廷ノ官爵ヲ賜ヒ現今有名
無実ノ官ヲ除ク
第三義
外国ノ交際ヲ議定ス
第四義
律令ヲ撰シ新ニ無窮ノ
大典ヲ定ム律令既ニ定レハ
諸侯伯皆此ヲ奉シテ部下
ヲ率ス
第五義
上下議政所

新政府綱領八策（国立国会図書館デジタルコレクションより転載）

龍馬が越前から帰京したのは十一月五日であるが、越前に出立するにあたり、寓居を酢屋から河原町蛸薬師《たこやくし》小路角の近江屋醤油蔵に移している。そのため、帰京して初めて近江屋に入居したことになる。

小説などでは、龍馬が寄宿したのは近江屋の二階とされているが誤りである。母屋は事件現場であり、正式には離れの醤油蔵を住居としている。

（注記）龍馬が暗殺された現場は、近江屋の母屋二階床の間であるが、当夜、醤油蔵からなぜ母屋二階に移ったかが事件のカギとなる。また、暗殺しなくてはならない理由を考えた場合、龍馬は慶喜を新政権の議長に登用する考えでいたが、そのことが、土佐藩の過激派を通して

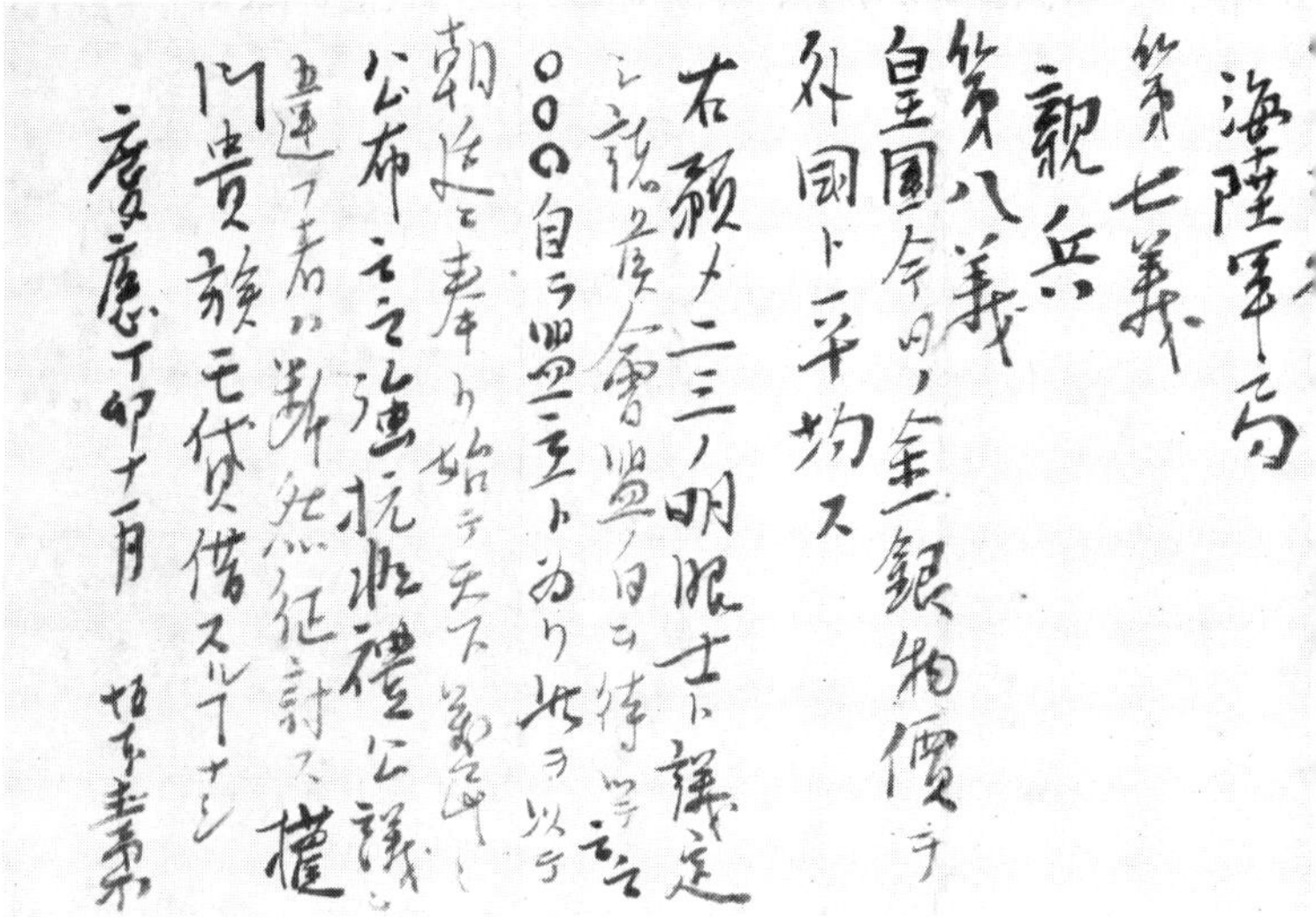

海陸軍局
第七義
親兵
第八義
皇国今日ノ金銀物価ヲ
外国ト平均ス
右預メ二三ノ明眼士ト議定シ
諸侯会盟ノ日ヲ待ツ云々
〇〇〇自ラ盟主ト為リ此ヲ以テ
朝廷ニ奉リ始テ天下万民ニ
公布云々強抗非礼公議ニ
違フ者ハ断然征討ス権
門貴族モ貸借スル事ナシ
慶応丁卯十一月　坂本直柔

犯人たちに漏れた可能性が大きい。

醤油商近江屋主人・井口新助は土佐藩の御用商人だが、近江屋は海援隊の密書媒介の基地でもある。このことはあまり知られていないが、龍馬の個人書簡も近江屋主人・井口新助宛となって届き、封印された中に密書や手紙を入れる取り決めになっていた。

龍馬が越前に出張中、土佐藩の乾退助の家臣が近江屋を訪れていたことが判明し、龍馬は、隠れ家の在り処を誰かが漏らしたものとして、おそらく驚くことになる。

当時、在り処を知る者は海援隊の一部と土佐藩では福岡藤次と岡本健三郎しかおらず、龍馬も危険に晒《さら》されていたことが推察できる。

新政権発足を控えた大事な時期であることから、龍馬は土佐藩邸に入居の申し入れをしている。しかし、拒否されることになる。その拒否理由は、土佐藩国法（二度の脱藩罪）を犯したということで「不都合」としている。脱藩罪は後藤象二郎と福岡藤次によって許されていたはずであったが、藩の正式な承認を得ていなかったことになる。（『寺村左膳文書』）

龍馬遭難之地（京都市中京区）

翌日には、薩摩藩吉井幸輔（友実）が近江屋を訪れ、龍馬に対し、「土佐藩が駄目でしたら二本松藩邸にどうぞ」と皮肉ともとれる発言をしている。（『吉井友実文書』）

これによって、薩摩藩は土佐藩とつながっていることを龍馬は見抜いたはずである。

この時期の土佐藩は、討幕過激派の勢いが増しており、藩邸総裁職に就いた乾退助（板垣退助）の勢力は、京都藩邸以外にも、京都白川村百万遍にある白川藩邸にまで支配権が及んでいる。無論、藩邸内に本部を置く海援隊にも影響していたことがうかがえる。

十一月十一日、龍馬は二条城の側、大和郡山藩邸内の屋敷に住む、若年寄格・永井尚志の役宅を訪れ、「新政府綱領八策」の草案を示しているが、具体的には、〇〇〇の空白箇所は将軍慶喜を議長とすることで意見が一致したものと推察する。（『神山郡廉の日記』）

（注記）龍馬が初めて永井宅を訪れたのは慶応三年十月九日である。「大政奉還建白」に関する要請をしている。

十一月十三日、近江屋の醤油蔵に寄宿する龍馬を訪ねて来た男がいる。

伊東甲子太郎《かしたろう》と称する者であるが、この男は、新撰組と分離して孝明天皇御陵衛士《ごりょうえじ》を拝命すると、東山高台寺月真院を屯所として尊攘の旗を掲げ、同志十数名とで「高台寺党」を名乗っている。

一党一派を形成するが、この伊東らを経済的に支えていたのが薩摩藩の西郷である。

伊東が龍馬を訪れた理由は、「新撰組が御身らを狙っているので用心するよう」にと、おせっかいにも予告している。しかし、一面識もない龍馬に対して、忠告や心配をするのも不可解であるが、その背景には薩摩藩の陰が見え隠れするのである。

同日夜、龍馬は再び永井尚志の屋敷を訪れている。このときの用件は、諸侯会議を早急に開くことを要請するためであるが、すでに西郷は薩摩に下向しており、藩兵を従えて上京する前に政権を発足させる奇策を龍馬は考えていたことになる。

その奇策であるが、京都御所で薩摩が上京する前に諸侯会議を開き、天皇を迎えて「王政復古の大号令」により、新政権を発足させることを狙ったものと思われる。つまり、龍馬は素早い行動で薩摩藩の討幕行動を封じようと考えたのである。

薩摩藩は「薩土盟約」に同意しており、将軍が政権を天皇に明け渡し、天皇の命によって「王政復古」の大号令を発布することは約束済であることから、武力での討幕の大義は失することになる。そこで、龍馬は親王や有力な公卿および親幕派の福井藩・会津藩・庄内藩・尾張藩・土佐藩・長岡藩・桑名藩などの決議を経て、新政権の樹立を進めようとしたものと思われる。

ただし、天皇が実権を握るとしても、政治を司るのは議会とし、諸藩から選ばれた有能な人材を充てることとしている。そのため、越前まで赴き、三岡八郎の参加要請をしている。

寺田屋跡（京都市伏見区）

大政奉還を決意した慶喜も、その一人として龍馬は見ていたことになる。

先に述べたが、西郷は下向するにあたり、側近の桐野利秋を京に残しているが、二本松の薩摩藩邸で龍馬暗殺を匂わせていたことを注視すべきである。

翌十四日、船宿寺田屋のお登勢《とせ》が龍馬の身を案じて、番頭の虎吉を近江屋に派遣している。おそらく龍馬の身に危険が迫っていることを、その筋から聴きつけたものと思われる。

寺田屋は薩摩藩の定宿先でもあることから、龍馬への悪い噂を耳にしたものと考えられるが、このとき、龍馬は「永井や松平容保にも会った。安心せよ」と心配ないことを虎吉に話している。しかし、容保には会ってはいない。（『龍馬史』磯田道史著）

同日夜まで、龍馬は連日にわたって永井邸を訪れているが、身に危険が迫り、永井尚志には、早急に諸侯会議を開くよう急がせていたことがうかがえる。その時のことを、福井藩の重臣・中根雪江が述べている。


坂本龍馬も参り候事に相成候得共、毎毎は嫌疑も有之に付（中略）夜中に山県候事にて、すなわち昨夜も参り申候

（『丁卯日記』）

事件当日の動き

慶応三年十一月十五日は朝から霙《みぞれ》がぱらついていたとされ、午後は雨という。京都の町は比叡《ひえい》おろしが吹き荒れることから、十一月半ばとなれば、夜は寒さが厳しかったと思われる。

龍馬は大和屋に投宿する土佐藩士・福岡藤次（孝弟《たかちか》）を訪ねるが不在であり、再び訪れるが、やはり不在であったとのことである。ただし、小太りの男と他二名が、龍馬を追って福岡の寓居を訪ねていることが、福岡の従僕・和田某の証言で明らかとなる。

中岡慎太郎が龍馬を訪ねた時、夜六ツ時半（午後六時）を回ろうとしていたが、その直前、勤王家で絵師（文人）の淡海槐堂《おうみかいどう》が、龍馬の誕生祝いとして掛け軸を届けに訪れている。しかも、その掛け軸は床の間に掛けられていた。

通説では、あたかも龍馬は二階床の間に寄宿していたかのように錯覚させる文書が多い。しかし実際は、近江屋の母屋二階に住んでいたわけではない。あくまでも、寄宿していたのは母屋とは別の醤油蔵である。

従って、犯人が文人・淡海を使って母屋二階に龍馬をおびき寄せたことが考えられる。しかも、龍馬の誕生日を調べ、掛け軸をお祝いと称して贈ったのは当日の夜とのことである。その直後に事件は起きており、誕生日に殺害されたのは偶然の一致ではないことが裏づけられる。

事件現場は二階の床の間であり、現場に掛けられた血染めの掛け軸は、文人淡海槐堂自筆のものであった。龍馬は淡海からは資金援助を受けており、親しい間柄であったことから、二階床の間に龍馬をおびき寄せたとしても、龍馬自身、何ら不審を抱かなかったものと推察できる。

ただし、淡海は勤王家として、尊攘派とパイプの太い人物であり、以前に土佐勤皇党とは一線を画した龍馬とは思想のズレが生じていたのは間違いない。従って、「薩長盟約」以降、幕府寄りの姿勢を見せる龍馬を淡海は良くは思っていないのも確かである。

（注記）『淡海槐堂先生略伝』には、「事件当夜、自画の白梅の掛軸を贈り、龍馬は喜んで床の間に掛けた」とある。

（注記）龍馬と淡海とは面識があり、支援を受けていたことから、おそらく龍馬は母屋二階に誘導されても不審を感じなかったと思われる。

近江屋二階には坂本龍馬と中岡慎太郎の外に菊屋の峰吉がいたが、事件は五ツ時半（午後八時）から四ツ時（午後九時）までのわずか一時間あまりの間に発生している。

階段下で藤吉と雑談していた岡本健三郎が、時間を計ったように二階の龍馬の部屋に入って来たのは五ツ時（午後七時）とされ、この時、床の間に居たのは龍馬と中岡と岡本に峰吉の四人である。

五ツ半時（午後八時）ごろ、龍馬は峰吉に軍鶏《しゃも》でも買ってくるよう頼んでいるが、岡本は用事を思い出したと言って峰吉とともに席を立っている。

その時、二階東八畳間で楊枝を削っていた藤吉が、私がお使いすると声をかけるが、峰吉は自分が行くと言い、岡本と外に出たとされている。岡本は四条の辻で峰吉と別れるが、下宿先へ戻ったかは、この時点では不明である。

峰吉は四条小橋の鳥新で随分待たされた挙げ句、軍鶏を持って近江屋に向かうことになる。すでに四ツ時（午後九時）近くになっていたという。この頃、すでに事件が起きた後であり、最初に現場の異変に気づいたのは近江屋の主人・新助とされる。

新助は、母屋の一階奥の八畳間に妻子といたが、二階の物音で龍馬の身辺がただごとでないことに気づいた。しかし見張りの刺客が一人、表にいることから、気づかれぬように裏手の正覚寺の境内を抜け、寺町通から四条通を回り、亀屋に下宿していた岡本健三郎に告げようとするが、不在のため、稲荷の団子にある土佐藩侍屋敷の島田庄作に告げている。

その足で三条大橋の酢屋に行き、海援隊士・陸奥宗光と白峰駿馬に知らせている。この二人は取るものも取りあえず、裸足《はだし》で駆け付けているのである。

（注記）淡海槐堂は勤王家であり文人として、尊皇攘夷過激派の支援をしている。文久三年（一八六三）大和国天誅組挙兵に武器を援助したことから、幕府に捕らえられるが、慶応三年（一八六七）に釈放される。

龍馬の誕生祝いとして当日、近江屋を訪れ「梅椿図」の掛け軸を贈っている。近江屋事件現場となった母屋二階床の間に掛けられていた掛け軸である。血痕が数か所残されており、事件のすべてを掛け軸は見ていたことになる。現在、京都国立博物館に所蔵され、国の重要文化財になっている。平成二十九年五月、東京江戸博物館の「龍馬展」にも展示された。京都霊山護国神社内には「淡海槐堂顕彰碑」がある。

検証・近江屋床の間

十一月十五日、刺客に襲われた藤吉の直言を検証すると、二階から下りて応対した時に、刺客は一人だったといい、「十津川郷の者だが、坂本先生御在宅ならば面会願いたい」と言って名刺を差し出したと証言している。

藤吉はこのとき、十津川には知人も多いことから龍馬に取り次ごうと二階に上がりかけると、背後から斬りつけられ階段を踏み外して転落したという。

ひるまず、藤吉は刺客に組みついたが、もう一人の刺客に後ろから斬り伏せられ、気を失いかけたときに、二階の龍馬が大きな声で「ほたえな藤吉」と叫んだと新助の証言がある。

この証言には多くのヒントが隠されている。

龍馬が叫んだ「ほたえな藤吉」であるが、この方言の意味は「ふざけて騒ぐのをやめろ、藤吉」とされるが、おそらく、中岡との込み入った話をしていた矢先であり、物音を騒音として捉えていたことになる。音に異常なまでに敏感でなくてはならない龍馬であったが、談議に集中し、気づかなかったようだ。

刺客の数であるが、組みついた男と背後から藤吉に斬りつけた男は別人であり、もう一人は、見張りの刺客がいたと新助の証言があることから、三名と判明した。

冒頭に述べたが、藤吉が二階から下りて応対した際には一人とされたが、おそらく、怪しまれないために、他の二人は外に待機していたものと思われる。

龍馬が在宅であることを藤吉の動きで察知した刺客は、静かに階段を上がると中二間を通って奥の間へと進み、一気に龍馬と中岡に斬りつけたことが推察できる。

見取り図によれば、西八畳間西隅で二人は談議していたことになる。北側の床の間の掛け軸（梅椿図）を背にして龍馬が座り、行燈《あんどん》と火鉢を挟んで南に中岡が対座していた。書画貼交《はりまぜ》屏風は、西八畳間の東南角に、龍馬たちを包むように立ててあり、明かり取りの効果があったと考えられる。

刺客の一人が襖《ふすま》を開け、もう一人の刺客がすかさず襲えば、何も気づいていない龍馬と中岡は、無抵抗のまま、一瞬にして斬殺されることになる。

顔を向けた瞬間、龍馬の前頭部を刺客の剣が横一文字に払われ、脳漿《のうしょう》が吹き出す中で、身をひねり床の間の刀に手をやろうとしたところに、刺客の太刀が右肩先から背骨を袈裟《けさ》懸《が》けに斬りつけ、なおもうつろな目で、刀を取って立ち上がろうとした龍馬を、刺客の太刀がしつこく顔面を襲う。

鞘《さや》のまま受けとめたが、刺客は最後の止めを刺すにあたり、「こなくそ」と叫び、同時に横に払った一撃は、龍馬の額を大きく割り、その血しぶきが貼交屏風を赤く染め、掛け軸にまで飛び散り、その場にうつぶせに倒れたと推察する。

中岡は屏風の裏に置いた刀を取ろうと背を向けた瞬間、剣が後頭部を横一文字に払う。そこで、短刀で応戦したが、相手は相当の居合の修練者であることから、数か所斬りつけられ、深手を負った中岡はそのまま気絶する。刺客が止めを刺そうとしたが、龍馬を刺した男が肩をたたき「もうよい、もうよい」と二度制止し、素早く現場を立ち去ったという。

事件後の現場

近江屋二階で龍馬と中岡慎太郎が殺害されたのは、午後八時半から九時の間である。最初に現場の異変に気づいたのは、近江屋の新助である。母屋一階奥の八畳間に妻子といたが、二階の物騒な物音に気づき、急報を告げに飛び出している。

近江屋の事件現場に最初に駆け付けたのは土佐藩・島田庄作である。続いて、土佐藩・曽和慎九郎・毛利恭助が駆けつける。

峰吉が近江屋に戻ると二階は血の海となっており、峰吉は裸馬で白川の陸援隊本部に知らせるが、留守居の田中顕助(光顕)は半時ほど過ぎて事件現場に着いている。

知らせを受けた海援隊の陸奥宗光と白峰駿馬が裸足でかけつけるが、間もなくして本川安太郎・香川敬三が駆けつけ、在坂の海援隊士も京都に直行した。

龍馬の下僕・藤吉は、六か所の傷を受けていたが、主人の後を追うように、十六日夕刻絶命する。中岡慎太郎も一時回復するかに見えたが、十七日夜、出血多量のため三十歳で絶命する。

犯人は近江屋二階を下見している可能性が考えられることと、床の間の八畳間は天井が低いことから、実行犯は小太刀の名手であり、居合の達人であると見受けられる。

なお、真っ暗闇からさっと現れた犯人は、龍馬に接近すると、そのまま横に刃を払っている。その間は数秒であったと考えられる。そのとき龍馬は、中岡と熱く談議しており、何が起こったかわからぬまま殺害されたことになる。

事件後の関係者の動向

暗殺現場に実行犯が残した下駄一足と鞘が発見されているが、近江屋の主人・井口新助は下駄について、「瓢亭」の焼印があったと証言している。そのため、先斗町《ぽんとちょう》の「瓢亭」にたずねると、下駄は新撰組に貸したものであることが判明する。

鞘であるが、事件当日に駆け付けた伊東甲子太郎の証言によれば、新撰組原田左之助の所有のものであるとしている。

なお、土佐藩・谷守部（干城）は、事件当日に中岡慎太郎の直言を聴いたといい、刺客が龍馬に斬りつける際に「こなくそ」と発したと述べている。

この「こなくそ」とは、伊予松山地方の方言であることが判り、物証と証言から伊予松山の出身で新撰組隊士・原田左之助が下手人と断定された。

十一月十八日、東山霊山に坂本龍馬、中岡慎太郎、藤吉の遺骨を埋葬し、葬式には海援隊士、陸援隊士、近江屋新助らが参列したが、土佐藩・薩摩藩の重役らは参列していない。
その中には、大政奉還で龍馬と親密な関係にあった後藤象二郎や、脱藩罪を許した福岡藤次などは、殺害現場の三軒隣りに住みながら事件現場にも駆け付けてはおらず、終日、自宅からは出ていない。この不思議な行動から推察すると、薩摩藩と連携していた乾派の勢力が土佐藩内を制圧していたことがうかがえる。

（注記）後藤象二郎は十一月二十一日に入京している。西郷隆盛は十一月二十三日に入京していた。

龍馬の仲人をした長州藩・桂小五郎（木戸孝允）だけが、墓標を建てて揮毫《きごう》している。龍馬が殺害される三十分前まで同席していた岡本健三郎は、事件現場に駆けつけることはなかった。
伊東甲子太郎は事件の三日後の十一月十八日、新撰組の隊士に襲われて油小路で落命している。

事件の鍵を握る淡海槐堂

淡海槐堂は滋賀県坂田郡下坂中村の出身であり、勤王の志士たちからは慈父のごとく敬慕されていた勤王家である。その槐堂が十一月十五日の夜、龍馬の寓居を訪ねたことも驚きであるが、しかも、誕生祝いを贈っている。その直後に、龍馬が自らの誕生日当日に殺害されたことは、事件の大きな鍵を握っていることになる。

つまり、龍馬は身の安全を確保するために、不自由な醤油蔵を隠れ家としていたのだが、殺害現場は母屋二階であるということは、なんらかの理由で移らざるを得なかったのである。おそらく、槐堂はまず醤油蔵を訪れているはずであるが、誕生祝いの掛け軸を龍馬に見せるために、母屋二階の床の間に移動したものと推察する。史料には「事件当夜」とあり、事件後に掛け軸は血染めとなっていることからも、中岡慎太郎が訪れる直前に掛けられたのは明らかである。

では、槐堂を近江屋に向かわせたのは誰かといえば、土佐藩討幕派の乾一派と考えるのが自然だろう。

丁卯十一月十六(五)、坂本龍馬、石川清之助(中岡慎太郎)トヲ先生ハ河原町四条上ル醤油ヤ（近江屋）旅万ヲ訪ヒテ雑談、深夜ニテ家ニ帰ル。瞬時ナラズシテ刺客乗リテ両氏及ビ力士藤吉殺害サル。先生、幸ニシテ難ヲ逃ル

（『淡海槐堂先生略伝』）

この文書で、槐堂は「難ヲ逃ル」とあるが、龍馬を母屋二階に誘導した後、事件直前に現場を逃れ、刺客の踏み込むタイミングをつくったものと思われる。従って、土佐藩討幕派の主導者・乾退助の指示に基づく行動だったのである。

（注記）槐堂の外孫・江馬勉氏は家伝書『江馬家と私を語る』には、「事件当夜、自画の白梅の掛け軸を贈り、龍馬は喜んでこれを床の間に掛けた」とある。

◇新撰組犯行説

薩摩藩・土佐藩は、事件現場での証言と物証が揃ったことから新撰組の仕業であると追及することになる。

幕府は慶応三年（一八六七）十一月二十六日、警察権の最高責任者である若年寄格・永井尚志は、新撰組局長・近藤勇を出頭させ直々に事情聴取をしている。それに対して、近藤は明確に罪状を否認する。

しかし、物証となった下駄に押された焼印から、新撰組隊士がよく出入りする先斗町「瓢亭」

のものであるとわかり、さらに現場に置き忘れたとされる蝋色《ろいろ》の鞘は、持ち主が新撰組局長助勤・原田左之助のものであるとの証言を、御陵衛士で、元新撰組隊士の伊東甲子太郎が述べている。この伊東は、新撰組と袂《たもと》を分かっており、信憑性《しんぴょうせい》は高いとされた。

それを裏づけるように、龍馬が斬られるときに犯人が「こなくそ」と発したと言う中岡慎太郎の直言を、土佐藩の谷守部が聞いていたというのである。

「こなくそ」は伊予松山の方言であり、同地出身の原田左之助の容疑は物証の裏づけによって固まるかに見えた。だが、新撰組局長・近藤勇が明確に否認していることと、中岡の直言を複数の者が聞いていたわけではなく、あまりに出来過ぎであることから疑問が残ったのである。

その後、原田左之助のアリバイが証明されることになる。龍馬が刺客に襲われている時刻、原田左之助は、壬生《みぶ》村の新撰組屯所前川庄司邸で、近藤勇や土方歳三らと伊東甲子太郎の粛清計画を練っていた事実が複数の証言で実証されたからである。

現に、伊東は近江屋事件の三日後・十二月十八日、原田左之助含む新撰組隊士に襲われて油小路で落命している。

中岡の直言であるが、意識が朦朧《もうろう》とする中で中岡が言葉を発することは考えにくい。もし言葉を発したとしても、「こなくそ」ではなく、薩摩弁の「こげんなくそ」である疑いが濃厚となる。つまり、中岡の直言は、新撰組の犯行に見せかけるためのねつ造であったようにもみえる。

土佐藩・谷干城（守部）と一緒に駆け付けた者は曽和慎九郎と毛利恭助であるが、聞いていないことが判明したことで、谷の偽証の疑いが極めて濃くなる。

現場に履き忘れたとされる下駄であるが、当日は、夕方から夜にかけて雨が降っていたことから、近江屋前の河原町通は泥路となっており、慌てたとしても素足で帰れる状況にないことがわかった。しかも、物証には泥が付着していないことも確認されており、犯人が履いてきた下駄でないことが判明した。

さらに、井口新助は下駄に焼印があることから、先斗町の「瓢亭」を訪れ、下駄についてたずねている。その結果、新撰組と称す薩摩藩士に貸したことが明らかとなる。

確かに、新撰組であるならば、百戦錬磨の剣客揃いであり、公務として堂々と成果を発表するはずである。「瓢亭」の焼印がある下駄を履くこともないだろうし、下駄を履かずに慌てて逃げることは考えられない。

いずれにしても、龍馬が薩長盟約締結を周旋したことで、一時、伏見奉行所の役人に追われる身となったことは間違いないが、それを楯にして討幕派は協調し「新撰組犯行説」を定着させようとしたことになる。

寺田屋事件以後、龍馬は急激に幕府寄りの姿勢をみせている。なぜかといえば、もともと龍馬は「薩長盟約」を軍事同盟（薩長同盟）とはみておらず、長州を救うためであったからである。

このことは、福井藩京都藩邸において、村田氏寿と長州征討問題を速やかに解決することで意見が一致しており、「薩長盟約」を締結すると間髪を入れずに、大政奉還へと舵を切っていることでも明らかである。その一連の行動を見た場合、西郷よりも一枚も二枚も上手であることがうなずける。

史料に基づいて龍馬の行動から検証すると、二つのポイントが考えられる。

◯一つは、長州一国を攻めて内乱している場合ではなく、世界のことを考えなくてはならないとしている。「龍馬は世界を見据え、勝は日本のことを按《あん》じ」とよく言われている。

◯二つ目は、薩長の過激な輩《やから》を蝦夷《えぞ》に移す計画である。過激な輩に開拓とロシア帝国の南下するのを防止する役目を負わせることで、国内の治安上の問題を解消するのと同時に、蝦夷地の開拓を進めることができるからである。

福井藩士・三岡八郎は、龍馬が本気で計画していた蝦夷地開発のことを村田から聴いている。

鳥取藩京都留守居役河田左久馬は、『蝦夷地親政論』の中心人物であるが、龍馬は慶応三年二月十四日、手紙で蝦夷地開拓の意思を告げている。

京都福井藩邸の村田とは親しい間柄であった河田は、龍馬が蝦夷地北行の船の借用手配が整い、三月中旬から四月にかけて出帆予定であると村田に伝えている。

なお、龍馬は勝海舟に尊皇攘夷の過激な輩を蝦夷地に移住させる計画を打ち明けていたことが判明している。元治元年（一八六四）六月十七日付の勝海舟の日記にそのことが明記されている。

京摂の過激輩数十人、皆蝦夷地開発、通商、国家の為憤発す。此輩、悉く黒竜船にて神戸より乗廻すべく、此義御所並びに水泉公（老中・水野和泉守）御承知なり、且、入費三、四千両、同志の者取集めたり、速やかにこの策施すべくと云う、志気甚だ盛んなり

（『勝海舟全集』勝部眞長編）

この月の十一日、龍馬は順動丸で江戸に着いた。入れ替わりに海舟は長崎丸で品川を出たが、故障のため下田に寄港、龍馬は乗り換え船と引き船を連れて、下田に迎えに行っている。

また、龍馬は腹案を長州藩印藤に伝えているが、薩長の尊王攘夷を掲げる過激な討幕派や、京都で天誅と称して暗殺を繰り返す野蛮な志士らを、蝦夷地に送り込み、開拓とロシアの南

下政策を封じ込める要員に使うことで、一挙に事を解決する壮大な計画を練っていた。

この計画は、実行段階にあったが、後藤象二郎が長崎に来たことで、龍馬は大政奉還の重要性から、一時、「蝦夷地開発計画」を棚上げにせざるを得なかったのである。

それは、薩摩と長州が盟約を結んだとはいえ、正式な軍事同盟でないことから、第二次長州征討が実施されており、内乱は回避されてはいなかったためである。しかし、薩摩が中立の姿勢を見せたことで、幕府軍は長州軍に敗退することになる。

動物的勘の鋭い龍馬は、大政奉還を千載一遇のチャンスとみたのであろう、長崎から後藤と同船し、「船中八策」と称される「大政奉還案」を後藤に呈したのである。

龍馬は「大政奉還」の腹案を、慶応二年八月、すでに福井藩士下山尚を通じ松平春嶽に言上しており、そのときは、成果には結びつかなかったが、その後、長州軍によって幕府連合軍が大敗したことから、将軍慶喜を動かす絶好のチャンスとみて、後藤象二郎に建白を託したことになる。

龍馬も西郷も王政復古では一致していたが、龍馬と西郷が根本的に相違するのは大政奉還以後である。すなわち、龍馬は平和的に政権交代を望んだのに対し、西郷は、武力でけじめをつけようとしたわけである。この時点から、西郷にとって龍馬は邪魔者となったといってよい。

以上のように、龍馬は「大政奉還」を慶喜の決断に託したのであって、武力での討幕を念頭におく尊攘派から狙われても、幕吏から殺害されることは考えられないのである。

◇京都見廻組犯行説

明治維新後、坂本龍馬の暗殺を自供した今井信郎の証言により、京都見廻組与頭《くみがしら》・佐々木只三郎以下、渡辺篤・世良敏郎ら七名による犯行とされた。

しかし、龍馬が周旋した「大政奉還」は、親幕派である土佐藩の後藤象二郎の建白によって、将軍・徳川慶喜が決断し、正式に勅許を得たものである。このことからして、旗本を中心とした見廻組が、将軍の意に反してまで龍馬を殺害すべき大義名分は見つからない。

しかも、龍馬は裏方に回っており、当時は、大政奉還の周旋者は後藤象二郎と考えられており、龍馬とは一部の者しか知る余地はなかったはずである。

むしろ、無血による政権交代を望む龍馬を憎々しく思っているのは、薩長の武力討幕に徹する尊攘過激派である。

残念ながら、「見廻組犯行説」が有力な説とされ、現在は定説となっているが、すべて「薩長史観」によって作成された史料によるものである。

少し頭を働かせれば解ることではあるが、龍馬は抹殺されたわけであり、新撰組や見廻組が犯行宣言しない限り決めつけることはできないはずである。

見廻組が犯人であるならば、近江屋の蔵から母屋二階に誘うなど、手の込んだ工作をするまでもなく、龍馬が頻繁に訪れた永井邸に程近い「やす寺」（松林寺）に寄宿していた見廻組頭・佐々木只三郎らによって、討ち果たす機会は何度もあったはずである。

いずれにしても、京都市中の警備を任された見廻組は薩長の暗殺集団とは違い、大義をもって治安維持にあたる幕府の正式組織であり、正々堂々と成果を発表するはずである。

宮崎小判事の判決要旨（明治三年九月二十日付）
その方儀、京都見廻組の勤中、与頭佐々木只三郎の命によって、同組の者ども高知藩坂本龍馬の捕縛に向かって討ち果たしたとき、手を下さずといえども、事件に関係し、あまつさえ、その後脱走して、しばしば官軍の犯行、ついに降伏してとはいえ、その始末不届きにつき、厳科に処すべきところ、寛典をもって禁固申しつける。ただし、静岡藩に引き渡し遣わす

（注記）犯行に関わった京都見廻組の者は、佐々木只三郎を含む七人とされている。犯人の首謀者は佐々木只三郎とされているが、当人は、慶応四年（一八六八）一月三日に戦傷を負い二月四日には死去している。まさに、死人に口なしである。

従って、降伏する前に亡くなっていることから、実証する状況証拠もなく調査記録もないのである。「薩長史観」による勝ち組の論理が働いたものと見るべきである。なお、刺客の数は三名と実証済であることからも、「見廻組犯行説」は否定せざるを得ない。

◇榎本対馬黒幕説

榎本対馬の黒幕説は、司馬遼太郎の小説『竜馬がゆく』のあとがきに書かれていたものが原典である。司馬は勝海舟の日記を不正確に引用したのであるが、勝海舟は榎本対馬（榎本道章）が黒幕とは書いていないことから、まったく根拠のない説である。

（注記）勝海舟は「榎本対馬の令か知るべからずと云い」（『勝海舟の日記』・明治三年四月十五日）

榎本対馬は大坂城代の目付役兼伏見奉行として、寺田屋事件では龍馬をお尋ね者として捕捉すべく動いたのは事実であるが、龍馬はすでに幕閣の永井尚志によって無罪放免となっていることから、この説は真実性を欠くものである。（『伏見寺田屋覚書』・『勝海舟全集』十九巻）

◇佐々木只三郎単独説

磯田道史氏の説である。「佐々木の兄で会津藩公用人の手代木直右衛門が、松平容保の命を受けて、所司代見廻組与頭・佐々木只三郎に言い渡した」とされるが、松平容保は「大政奉還」に反対しているわけではない。

四十四年後の明治四十四年（一九一一）に「山陽新報」が載せた『手代木直右衛門伝記』と、五十七年後の大正十三年（一九二四）に刊行された『佐々木只三郎小伝』を種本としているが、実証性は薄く、史料の一部を拡大解釈しているに過ぎない。

さらに、磯田氏は松平容保の命で佐々木が実行したかのような仮説を強調するが、容保は慶喜から大政奉還の意中を聴き、「その英断を賞揚」している。

同様に、佐々木只三郎も大政奉還に異論を呈した痕跡はなく、十二月九日の「王政復古の大号令」においても、薩摩藩が王政復古の宣言によって無血で政権交代をする旨を告げたことから、それを真に受けた会津兵や桑名兵は御所の警備を解き、薩摩・越前・土佐・尾張などの藩兵と交代している。

つまり、幕府側諸侯も薩長討幕派も「王政復古」は是としており、見廻組は将軍慶喜が決断した「大政奉還」に沿うことはあっても、異議を唱えるほどに独立した組織ではないのである。

武力での討幕行動を進めた西郷らに対する敵対心はあるものの、「大政奉還」を周旋した一介の浪士・坂本龍馬に刃を向けるはずはないと考える。そもそも、龍馬が「大政奉還」の周旋をしたか否かは、見廻組としては認識がなかったものと推察する。

仮に、只三郎の心に秘めるものがあるとすれば、討幕過激派の首謀者である西郷に牙を向けるのが自然であり、もし、「大政奉還」に異論があるのであるならば、建白を呈上した親幕派の土佐藩・後藤象二郎に刃を向けるのが筋である。

佐々木只三郎は、慶応四年（一八六八）一月三日、樟葉（現・枚方市）で銃弾を受けて重傷を負い、二月五日、紀三井寺において死去しているが、本人が生存中に事情聴取をせずに、明治以降の正史に於いて「薩長史観」が介入した懸念がある。

（注記）永井玄蕃頭尚志は、将軍慶喜の直属の側近として、老中板倉伊賀守勝静・大久保忠寛（一翁）や勝海舟と同様に、大政奉還を推進した改革派の人物。

◇後藤象二郎黒幕説

大政奉還の建白書を幕府に提出した後藤象二郎が、龍馬に代わって手柄を独占するために発案者の龍馬を殺害したという説であるが、まったくのこじつけである。

この経緯を承知する人物には、「大政奉還建白書」の原案となった「船中八策」を起草した海援隊士・長岡謙吉や、再三にわたって後藤以外に「大政奉還」を働きかけた幕閣の永井玄蕃頭尚志、福井藩士・三岡八郎（由利公正）など複数の証人となる者がおり、まったく意味のない俗説である。

◇伊東甲子太郎黒幕説

伊東甲子太郎が黒幕というのは考えられないが、薩摩藩の意向で伊東の率いる高台寺党隊士らが龍馬暗殺に関与したのは確かである。

むしろ、黒幕は薩摩であって伊東自身は黒幕というよりも、薩摩の支えを受けて新撰組を犯人に仕立てる行動を進めたのは間違いないと考える。

伊東甲子太郎は近江屋に二度訪れていることから、黒幕説が生まれたものと思うが、実証性に乏しく論外である。むしろ、薩摩藩の西郷らにコントロールされたといえる。

◇今井信郎と見廻組説

元見廻組隊士・今井信郎の後ろに薩摩藩西郷の影がちらつくと、あからさまに今井信郎の孫・今井幸彦氏は『坂本龍馬を斬った男』の著書で述べている。

この幸彦氏は、自説を述べることや強弁を使う気持ちはないとして、西郷と今井の関係を次のように記している。

◯函館で新政府軍に降伏した今井が、東京伝馬町に入牢中、西郷は彼のために大層な助命運動に乗り出しており、その後、特旨を以って晴天白日の身となったという。

◯征韓論に敗れた西郷が薩摩へ帰還する途に、今井を訪ねた形跡があるという。しかし、その時は不在で面会はしていないという。

幸彦氏の記述に考察を加えるならば、重用犯罪人の今井信郎に対して、一面識もないにもかかわらず、西郷がしばしば見せる特別な配慮は、一体何であるのか不思議である。西郷が今井に接する一連の行動は、龍馬殺害に関連したものであることは確かであり、今井本人が函館で新政府に拘束された際に述べた口述書においても二転三転している。この前後、西郷は函館に着陣していたことが確認できることから、今井とは何らかの事前折衝がもたれていたと推察することができる。

明治三年（一八七〇）二月、今井は函館で降伏後に龍馬殺害の刑事犯として伝馬町牢に移されるが、九月二十日には、刑部省《ぎょうぶ》が禁固刑に処している。その後、静岡藩に引き渡されることになる。

告白した口述書には「自分は階下の見張りをしていただけだった」と述べており、明治五年（一八七二）に特赦を受けて釈放となるが、西郷や大久保など龍馬暗殺事件を知る者が一掃された明治三十三年（一九〇〇）五月の雑誌『近畿評論』には、「二人を殺ったのは自分だ」と覆す発言をしている。

『刑部省口述書』と、その後の記事に事実との齟齬《そご》があり、売名行為ではないかとする噂は当時からあったといわれる。

確かに、明治三十三年となれば、薩長閥も確立しており、龍馬を殺害したのは自分であると名乗っても非難されることはまずなかったと思われる。

さらに今井は、暗殺に加わった男は七名であると証言している。

その七名とは、今井信郎の他に佐々木只三郎・桂隼之助《はやのすけ》・渡辺吉太郎・高橋安次郎・土肥仲蔵・桜井大三郎であるが、これらの人物はすべて鳥羽伏見の戦で戦死しており、死人に口なしとして犯人を見廻組にでっち上げた可能性が高い。

実際の実行犯は三名であることが実証されており、霊山歴史館の資料文書『幕府見廻組由緒書』にも疑念がある。また、同館で展示されている「龍馬を斬った脇差」といわれるものであるが、桂家から寄贈されたというだけでは実証性に乏しいものといわざるを得ない。

なお、暗殺に加わったとされる今井信郎・渡辺篤を除く、見廻組隊士の戊辰戦争における「戦没時期」を述べておきたい。

◯佐々木只三郎

会津出身。見廻組与頭。慶応四年一月、鳥羽・伏見の戦いで負傷。同八日和歌山紀三井寺で没す。同寺に墓がある。

○渡辺吉太郎
江戸出身。神奈川奉行定番役より元治元年七月見廻組に入る。見廻組肝煎。慶応四年一月五日、鳥羽・伏見で戦死。大坂心眼寺に葬る。
○桂早之助
京都所司代組同心。慶応三年二月見廻組出仕。見廻組肝煎。慶応四年一月四日、鳥羽・伏見で戦死。墓は大坂心眼寺。
○高橋安次郎
江戸出身。御城勤の後、元治元年六月見廻組御雇。見廻組伍長。慶応四年一月五日、鳥羽・伏見で戦死。心眼寺に葬る。
○桜井大二郎
江戸出身。同心から元治元年七月、見廻組に入る。見廻組並。鳥羽・伏見で戦死。
○土肥仲蔵
江戸出身。見廻組（時期不詳）。慶応四年一月、鳥羽・伏見の戦で負傷。紀州を経て江戸へ向かう途中、和歌山県高郡由良町網代、念興寺で一月十一日切腹する。同寺に墓がある。

今井信郎が告白した「口述書」の一部は以下の通りである。

十月中此与頭佐々木唯三郎旅宿へ呼寄候ニ付、私並見廻組渡辺吉太郎、高橋安次郎、桂隼之助、土肥仲蔵、桜井大三郎候処
（今井信郎刑部省口述書・明治三年二月）

また、今井が口述する以前に、元見廻組隊士の渡辺篤が書き残した「履歴書原本」が見つかっている。

同年十一月、土藩坂本良馬ナル者、潜ニ徳川将軍ヲ覆ヘサント計ル者ニテ、頭佐々木只三郎并拙者始外五名申合セ、夕京ヨリ右馬旅宿江急踏込入候処、軽相戦シ首尾克悉ク打果シ候也、右旅宿ハ河原町三条下ル西側醤油屋ノ二階ニ居テ、才谷梅太郎と俗名ヲ唱、潜居イタシ候也
（渡辺篤・履歴書原本・明治十三年六月付）

この渡辺の文書からは、坂本龍馬（才谷梅太郎）一人を狙っていたことがうかがえる。また、実行犯は「拙者始外五名」としていることから計六名であるが、今井の口述では七名としていることから、ここでも整合性が取れない。なお、渡辺篤の名前は今井の口述書には見ることができない。

さらに、明治四十四年八月に書かれた次の文書には矛盾するところがある。

同年十一月十五日、土州藩士坂本龍馬、中岡慎太郎ナル者、潜カニ徳川将軍ヲクツガエサント謀リ、其連累四方ニ多クアル故ニ

（渡辺篤・履歴書原本・明治四十四年八月）

渡辺は二度目（明治四十四年八月付）の履歴書原本では、中岡慎太郎も襲撃目標にしていたことを述べている。

明治十三年に証言した時期には、西郷隆盛も大久保利通もすでに故人となり、幕末が遠のいたことから、龍馬を斬ったことが世間では英雄視されはじめたものと推察する。

さらに遠のいた明治四十四年頃には、中岡慎太郎も襲撃目標にしたと付け加えているが、今井の口述に合わせたかと思われる。

西郷は「赤報隊」や「御用盗」などを隠《かく》れ蓑《みの》として、浪士を捨て駒とした経緯があり、函館戦争で捕らえた今井信郎をうまく利用したとしか思えない。

今井にしても、権力側の意向に沿うことで身の安全が保証されるのであれば、一時的に犯人になりきることもやぶさかではなかっただろう。さらに、龍馬暗殺の実行犯になりすますことで、官に仕えることが約束されていたのかも知れないのである。新政府に拘束された際「見張り役」であったと供述したとしたら、刑を避けるためであったとも推察できる。

いずれにしても、近江屋事件はすでに実行犯の数は割れており、三名と確定していることから、元見廻組今井・渡辺両証言には疑問が残ることになる。

（注記）近江屋事件の下手人を三名と決定づけたのは、第一に龍馬の従僕・藤吉の直言。第二に近江屋主人・井口新助の証言。第三に福岡藤次（孝弟）従僕・和田某の証言。

龍馬は幕府寄りの姿勢をみせたことで、討幕派から狙われていたことは、本人はもとより、龍馬の周辺では気づいていたのは間違いないが、当時の世相は薩摩藩の仕業とみていたようである。

事件直後から、薩摩藩が関与しているという噂は尾ひれがついて伝わり、常識となっていた。新政府はその事実を抹殺するため、幕吏の犯行とすることを考えていたと思われる。従って、新政府は今井を近江屋事件の下手人とする一方で、その罪状を国民に公表することはなかった。

犯人を公表しても、年貢半減で騙された農民や江戸での攪乱工作で苦しめられた庶民は、信用しなかったものと推察する。

今井の身柄は静岡県に引き渡され、近江屋での龍馬暗殺事件は一応落着し、判決を申し渡したのは刑部大輔・佐々木高行（土佐藩士）であるにもかかわらず、土佐藩士・谷干城らには知らせていないのも衝撃的である。

従って、今井は西郷によって罪状を封印されていたことになる。

明治三十三年五月になり、坂本龍馬殺害者と題する『近畿評論』が発行されると、同本を土佐藩士・片岡健吉から送られた谷干城（土佐藩士）は初めて今井の罪状を知ることになる。その後、谷は明治三十七年の『史学雑誌』と明治三十九年に開かれた講演で、今井の口述は信がおけないと批判している。

つまり、西郷とともに戦った討幕派（乾派）の土佐藩士でさえも、今井の罪状を知り得なかったわけである。ここに、龍馬暗殺事件の闇が隠されているように見える。

今井信郎の足跡を述べると、慶応三年に京都見廻組に所属するが、鳥羽伏見の戦で幕府が敗れると江戸に帰還し、古屋佐久左衛門らと衝鋒隊《しょうほうたい》を結成している。

その副隊長として各地を転戦するが、明治二年（一八六九）五月の函館戦争に敗れて降伏し、取り調べの結果、龍馬暗殺の罪で静岡藩に引き渡されている。西郷は函館戦争終結直後に五稜郭へ駆けつけており、今井とは、その頃、何等かの接点があったものと推察できる。

今井は刑部省から二年の禁固刑を受けるが、西郷によって赦免となり、キリスト教に入信した後に静岡県に出仕することになる。この就職については、西郷が手心を加えたとされている。

西郷は、明治六年に「征韓論」に敗れて帰国する途中、浜松の旅館で今井信郎の消息をたずね、伝言を依頼している。

明治維新から三十年経過する中で近江屋事件も風化し、事件内容を知る者も非常に稀となり、権力構造が安定したこともあって、庶民も落ち着きを見せるようになる。そのためか、口述書にない人物から龍馬を殺害したと名乗り出る者が外にも出てくる。

その一人が、佐々木二郎と称す者である。彼は只三郎の血縁ではなく、美濃の黒田美濃守の家臣で禄高三百石であったが、江戸詰のときに見廻組に応募して入洛、龍馬暗殺に加わったという。この記録は、明治四十四年八月十九日に書き留めた『渡辺家由緒歴代系図履歴書』に見える。その史料的価値は薄い。

◇永井尚志黒幕説

若年寄格・永井玄蕃頭尚志は、将軍慶喜が特に信頼する側近の一人であり、「大政奉還」に関しては、後藤象二郎に任せきりではなく、龍馬自身が数回にわたって二条城に近い永井宅を訪れている。（『神山郡廉日記』）

（注記）龍馬から後藤に宛てた書簡では、厳しい文書で後藤を脅かし、大政奉還を急がせていることでも説明がつく。

永井尚志が龍馬暗殺の黒幕とする説は、まったく当たらないことであるが、最大の理由としては、大政奉還を慶喜に進言したのは永井であったことが挙げられる。この永井は老中・板倉伊賀守勝静とともに、幕臣では大政奉還推進派筆頭の人物である。

龍馬がなぜ永井宅を再三訪れるかといえば、永井は慶喜が最も信頼する側近だからであり、その永井の進言に将軍慶喜は大政奉還の決意を固めたと言ってよい。従って、永井が龍馬を殺害する大義は考えられず、俗説以外のなにものでもないと言える。

永井は、長崎海軍練習所時代から勝海舟とは盟友の間柄であり、龍馬に危害が加えられないよう幕吏（新撰組・見廻組・伏見奉行外）に「捕縛禁止令」を通達していたことも明らかとなっている。このことは、『伏見寺田屋の覚書』にも見えるが、高野澄の著『西郷の怪しい関係が鍵になる』にも明快に述べられている。

京都奉行の前歴があり、若年寄格（慶応三年十二月からは若年寄に就任）として、最高警察権を握っている永井の役宅を、龍馬はたびたび訪れているが、本当に暗殺を企てていたのであれば、わざわざ近江屋まで出向いて暗殺するよりも、官吏によって永井邸を出た際に捕捉するか斬殺するチャンスは何度もあったはずである。

なお、「永井尚志の黒幕説」を否定する傍証となる資料を紹介しておきたい。

龍馬は、大政奉還によって政権を天皇に還すにあたり、『新政府綱領八策』（下関市立長府博物館蔵）を起草。そこには、「〇〇〇自ラ盟主ト為リ」とある。この〇〇〇は大将軍（将軍慶喜）を指す。また、龍馬が事件直前に林謙三に宛てた書簡があるが、「かの玄蕃ことはヒタ同心にて候」としているのである。この資料に見える「玄蕃」とは永井尚志のことであり、龍馬と永井尚志は同じ考えであったことを示す文書である。

（注記）安政六年（一八五九）二月、永井は軍艦奉行に任じられたが、将軍継嗣問題で一橋慶喜を推したことから、井伊直弼の推した紀州派によって解任されている。その後、慶喜のブレーンに就任。慶応三年二月、若年寄格となった永井は、同年十一月十八日、諸侯会議を開き新政府発足を予定していたが、十五日に龍馬が暗殺されたことで取りやめとなる。

（注記）永井玄蕃頭（尚志）は、松平春嶽が幕府政事総裁職に就任した際、京都町奉行に就任する。慶応二年春には大目付となり、若年寄格と昇格し、警察権の最高責任者となる。慶応三年十二月初旬に若年寄に就任。この若年寄の地位は、大名以上が就任することになっていることを考えるならば、慶喜から抜擢されての登用である。なお、「王政復古」以後、旗本の勝海舟は陸軍総裁となり、大久保一翁は会計総裁となるが、徳川政権では老中格に匹敵する地位でもある。しかしながら、永井と相違するのは、徳川政権は終息に向かい、新政府が動き出したことから、旧徳川家家職としての役職となる点である。

（注記）慶応三年十二月九日、「王政復古」が宣言され、小御所会議で慶喜の「官位の辞任と領地の返納」が議論となり、西郷の軍事的圧力によって採択され、「辞官・納地」の申請を慶喜に促そうと決定されている。早速、徳川慶勝・松永慶永（春嶽）が二条城を訪れるが、永井は二侯に対し即答を避けるように進言する。西郷は「辞官・納地」の進展がないことに怒り、勅命による返納を松平慶永に要請するが、逆に永井は龍馬が望んでいた人事案を奏請させて、議定とする至上案を西郷に呑ませるため、中根雪江と後藤象二郎に説明し、慶喜に対してその事を説得させるため、大坂城・京都間を数度にわたって往復している。

永井尚志と龍馬の考え方は一致しており、黒幕であるとか犯人だという俗説はまったく当たらない。

◇土佐藩討幕派・乾退助の黒幕説

土佐藩の大目付・神山郡廉の日記には、龍馬が永井尚志を訪れたことが記されている。このことは龍馬を追跡する者がいたことを示している。

特に乾（板垣）退助は、土佐討幕派のリーダーとして薩摩と連携していたことが資料によって明らかとなっており、乾とともに討幕派の中心人物である土佐藩・谷干城は、近江屋の龍馬殺害現場に駆け付けて疑いを持たれる証言をしている。

遺留品であった刀の鞘を新撰組の原田左之助のものであるとし、また、中岡の直言に於いては「こなくそ」と耳にしたと証言するなど、新撰組に濡れ衣を被せようとする行動をとっており、慶応四年（一八六八）四月、下総流山で新撰組局長・近藤勇が捕捉されると、谷は拷問した挙げ句、問答無用で斬首している。

板垣（乾）退助の迅衛隊で軍監を務め、白河戦線・二本松戦線・会津戦線で非情な攻撃を加えるなど、薩摩の西郷や同藩の板垣と連携している。

（注記）谷干城は戊辰戦争以後、土佐藩士としては大抜擢され、陸軍中将となり、明治新政府では農商務大臣に就くなどして、家禄四百石・勲一等・子爵を授かる。

土佐藩邸跡（京都市中京区）

谷干城・乾退助（板垣退助）は、薩摩藩の西郷や吉井らと交わり、「薩土討幕密約」を交わした仲でもある。

乾退助は後藤象二郎や福岡藤次（孝弟）らと同じ吉田東洋の門下生として、土佐勤皇党を弾圧した張本人でもある。何時の間にか尊皇攘夷を掲げる討幕過激派のリーダーに変節したことになる。

土佐藩大監察の福岡藤次は、長崎において後藤らと談合して龍馬の脱藩罪を許し、海援隊創設にも協力するなど、龍馬とは盟友関係にあったはずだ。しかし事件当日、龍馬は福岡の寓居を度々訪れているのだが、なぜか留守であった。これに対して、磯田道史氏は居留守ではないかと述べている。

龍馬が狙われていることを福岡が承知していた、と考えられるのは、その後、龍馬の殺害現場に来ていないからである。あれほど親密な仲でありながら訪れないとは、何かあると考えるのが自然である。葬式にも参列していないことがわかっている。

福岡藤次（孝弟）と乾（板垣）退助は吉田東洋の門下であることから、暗殺事件に何らかで気脈が通じ合っていた可能性がうかがえる。

（注記）福岡藤次は西郷隆盛より四百石の永世禄を受けている。

福岡の部下で土佐藩小監察（小目付）の岡本健三郎であるが、事件が起きる三十分前まで、近江屋の二階で龍馬と同席していたことと、越前に赴くときも龍馬に同道したことを考えれば、寺村左膳の言うように、国法（土佐）を犯した龍馬は土佐藩によって見張り役が付けられていたことになる。

さらに、土佐藩の勢力が逆転した時期でもあり、岡本は土佐討幕派の乾退助らに内通していたことが疑える。ただし、乾退助の黒幕説については、否定的見解を述べざるを得ない。

土佐藩が事件に関与したとすれば、再三述べているように、幕吏の犯行に見せかけたこと と、事件のお膳立てをしたことである。たとえば、乾の指示で谷が証言したように犯人は新撰組であるかのような物証を並べることや、文人の淡海槐堂を使って、龍馬の誕生日を暗殺実行日としたことである。

龍馬の寓居を逸早く内通したのは岡本健三郎と見ているが、その情報は薩摩の吉井幸輔・中村半次郎に流れ、伊東甲子太郎にも知らされたと推察する。

龍馬の誕生日については、身内（親兄弟）以外には知る余地はなく、親しい友人であっても知ることはまずないといってよい。その事を考えた場合、龍馬とよほど入魂《じっこん》でなくては聞き出すことすら不可能である。従って、岡本健三郎が越前の長旅の最中に、雑談の中で聞き出していた可能性は濃厚である。


（注記）文人淡海槐堂が誕生祝いに贈ったとする掛け軸であるが、これは、醤油蔵から母屋二階の床の間に龍馬を誘導するためであったと考えられるが、槐堂家伝書『江馬家と私を語る』には、「事件当夜、自画の白梅の掛け軸を贈り、龍馬は喜んでこれを床の間に掛けた」と如実に示す傍証がある。

指示したのは土佐派討幕派の乾退助と考えられるが、薩摩の意向が働いたのは間違いない。

龍馬が母屋の二階に移動したのは事件当日であるが、槐堂が掛け軸を贈ったことを示す『槐堂家伝書』にも「事件当夜」とされており、不思議なほど筆者の考察と一致するのである。従って、龍馬が風邪気味であったから母屋に移動したとする風評については否定すべきである。

物証・証言・工作・風評と土佐藩が暗殺の舞台装置を設定したのは間違いないが、土佐藩と近江屋は目と鼻の先であることから、怪しまれないだけに事件の展開を複雑にしている。

◇グラバー陰謀説

加治将一氏は独自の説を発表しており、それによると、武器売込みに関して武力討幕派側に立った、グラバー商会のトーマス・ブレーク・グラバーや、イギリスの外交官アーネスト・サトウらによって仕組まれた陰謀説をとっている。

確かに「死の商人」として、武器を売り込むことが彼らの使命ではあるが、龍馬を暗殺するために薩摩・長州と手を組むとは考えづらいのである。現にグラバーと龍馬は長崎を舞台に密接な関係を維持していることから、龍馬のような優秀な人物の暗殺に関わるとなれば、デメリットの方が大きいと考える。

しかしながら、グラバーとアーネスト・サトウが関与したとするならば、近江屋事件とは関係なく、このようなことが考えられる。

幕府の統制下に置かれていた横浜の居留地は、買付商人が直接売込みしていたことから、幕府は厳しく規制をとることになるが、薩摩藩の荷物だけが居留地に持ち込まれているのを、イギリスの外交官アーネスト・サトウは目のあたりにしている。

すでに、幕府の権力が衰えていたことを意味している。また、薩摩過激派は尊皇攘夷を掲げながら、交易を望んでいたことも明らかとなっており、「死の商人」であるグラバーと組んで超大国のイギリスが薩摩や長州を動かし、討幕行動に影響を及ぼしたことは十分考えられる。しかしながら、近江屋事件に関連づけるのは唐突であり、「龍馬殺害の黒幕」と考えるには無理がある。

◇紀州藩士報復説

慶応三年四月二十三日、長崎から大坂へ向かういろは丸と、紀州塩津港より長崎に向かう紀州の明光丸とが、瀬戸内海沖備讃瀬戸の西端六島沖で衝突した事件であり、この船には、坂本龍馬をはじめ、小谷耕蔵・長岡謙吉や森田晋三・腰越次郎・佐柳高次らが乗り組んでいた。明光丸の船首がいろは丸の右舷《うげん》中央に衝突、あわてて船を後退させ、救助するため接舷しようとしたが、操舵《そうだ》を誤り、再びいろは丸に激突している。

この「いろは丸事件」は日本の近代海運史上最初の海難事件となる。賠償金八万三千両であったが、それを減額して七万両を海援隊に支払うことで落着している。受け取った中島信行が大坂に着いた頃、龍馬は殺害される。

賠償金に対する恨みから、紀州藩士・三浦休太郎らが龍馬殺害の犯行に及んだと考えた海援隊士の陸奥陽之助（宗光）らが、勘違いして襲撃していることが真相を複雑にしている。いわゆる、「天満屋事件」であるが、これについては海援隊士の思い違いであることが明らかとなる。

紀州藩士たちが、龍馬の隠れ家となった近江屋の醤油蔵を知る術もなく、暗殺現場は母屋二階であることなどから、隠れ家から誘い出すような小細工を加えるとはまず考えられない。

（注記）天満屋事件は慶応三年十二月七日に油小路の旅館「天満屋」で起きる。

◇その他の諸説

岩倉具視黒幕説・大久保利通黒幕説・宮川助五郎刺客説などの諸説があるが、すべて根拠も見えず俗説以外の何ものでもない。岩倉具視に関しては、元々は公武合体を主張した公家であり、妖怪のような人物である。裏工作に長けてはいるが、龍馬の暗殺を企むような考えは見えない。大久保についても、龍馬との面識は薄く、史料のうえからは龍馬との接点を探すことはできない。

宮川については、龍馬暗殺に直接加わったかはまったく判然としていない。宮川は慶応二年九月十二日、三条制札事件で新撰組に捕らえられ、京の六角獄舎に監禁の身となり、龍馬が殺害された当日に釈放とはなるが、直ちに土佐藩邸の牢屋に収監されている。

ただし、龍馬が十二月八日夜の出京直前までの間に白川邸（薩摩藩邸）に入ったことが判明している。仮に、彼の脱走が十一月十五日夜であれば、土佐・薩摩連合の刺客団が形成されたことも考えられるが、その際にも、土佐藩との合意のもとなのか、脱獄を黙認したか、あるいは、土佐藩が計画したことなのか、推論の域を超えることはできない。従って、この行動自体が可能性の低いものである。（『神山左多衛雑記』『鳥取藩記録』）

第三章　龍馬暗殺の真相Ⅱ

西郷が龍馬を殺害すべき理由

坂本龍馬が暗殺されると、とんとん拍子で討幕行動は堰《せき》を切ったように進行している。それだけ、龍馬は討幕派にとって邪魔な存在であったことを意味している。つまり、「龍馬暗殺事件」は武力討幕を主導した西郷による犯行である疑いが濃厚なのである。

だが、権謀術策の薩摩藩であるから、首謀者にいたるのは容易なことではない。

土佐藩が藩是を無視して討幕行動に舵を切ったのも、過激派のドンとされる乾退助の勢力が大勢を圧したからである。従って、龍馬暗殺の舞台装置をつくったのは土佐藩であることが見えてくる。つまり、実行犯を下支えしたのである。

犯人を割り出すには相当困難をともなうことになるが、明治初期の世相は、西郷が関係していることは至極常識となっていたと、明治の高官によってささやかれているのも事実である。(『明治政府の高官が囁く西郷隆盛黒幕説』世界文化社編)

おそらく、そのことを気にした薩摩藩を中心とする権力者によって、龍馬暗殺事件の被疑者を幕吏(新撰組・見廻組)に見せかけるよう誇張したことになる。「薩長史観」はその延長線にあり、現在の説として定着したように思われる。

西郷が命じて、江戸三田の薩摩屋敷に浪士を集め、江戸市民に狼藉の限りをつくしたのは事実であり、相楽総三を利用して赤報隊に年貢半減を唱えさせ、御一新と称して庶民を騙した挙げ句、相楽らを「偽官軍」の汚名のもと処刑するなど、非道な謀略の数々を巡らせたのも西郷のやり方である。そのことを考えれば、あれほど親しくしていた龍馬でも、討幕のためであれば非情にも抹殺することも不思議ではなくなる。そこで、西郷に龍馬を抹殺すべき理由があるのかを検討してみたい。

大政奉還が実現し、平和的に政権が移行する直前であることから、西郷の出番は消え失せるかに見えたが、西郷からすれば、それは武力討幕への助走であった。この時点で龍馬は邪魔者となったのである。

西郷が恐れたのは、龍馬の行動の早さである。薩摩に下向している間に、御所において天皇の勅許のもと諸侯会議を開き、新政府発足の決議をしてしまうことである。そのため西郷は煙たい存在になった龍馬を抹殺すべく、指令を出したとしても不思議ではない。

西郷黒幕説の核心

これまで、さまざまな角度から龍馬暗殺事件の検証を試みたが、本項において考えなくてはならないのは、土佐藩・乾退助（板垣退助）が藩邸総裁職に任じられた時点から、京都藩邸は討幕過激派の拠点となっていたことである。

しかも、土佐藩と龍馬の寓居となった近江屋とは目と鼻の先であることを考えなくてはならない。乾派の台頭によって京都白川村百万遍の土佐藩白川藩邸内に本部を置く陸援隊は、すでに支配権が乾一派に移っていたのである。

薩摩藩から財政的援助を受けていた伊東甲子太郎一派の動向であるが、伊東は新撰組と分離し、孝明天皇御陵の衛士を拝命すると、東山高台寺塔頭《たっちゅう》月真院を拠点として尊攘の旗を掲げており、新撰組と分離したのみならず、この時点で幕府と敵対する行動を取ったのである。なお、伊東は同志十数名で高台寺党を結成している。

新撰組から高台寺党隊士となった橋本皆助を、水野八郎と名乗らせて、土佐藩陸援隊に秘かに送り込んでいることも判明している。つまり、伊東らの高台寺党は財政的援助を背景に、薩摩藩の別動隊（高台寺党）の役目を負ったと理解すべきである。

薩摩藩討幕派のリーダーである西郷隆盛は、土佐藩乾派と連携して、陸援隊を討幕派の拠点に据える狙いがあったと思われる。そのため、陸援隊隊長の中岡慎太郎は龍馬と盟友関係にあることから、煙たい存在であったことは考えられる。乾らの間で、次期陸援隊隊長に田中光顕を起用する計画が進行していたのも事実である。

龍馬暗殺事件は、薩摩藩過激派と土佐藩討幕派および高台寺党が連携した事件といってよい。

伊東甲子太郎は近江屋を訪れ、龍馬に対して新撰組に狙われていると予告するが、その背景には薩摩藩の意向が働いたと見なくてはならない。その事を考えた場合、事件後に見廻組の佐々木只三郎や今井信郎らを犯人に仕立てたのも同様の手口である。

伊東は事件後も現場へ現れ、鞘は新撰組の持ち物であると証言するなど、犯人を新撰組に決めつける証言をしているが、この行動を重く見た新撰組局長・近藤勇は、伊東らを粛清する必要があるとして、三日後には酒宴に呼び出して油小路で殺害している。

土佐藩は親幕府側として、公武合体を藩是に掲げていたが、乾の台頭によって土佐藩の大勢は一変し、土佐藩過激派を中心に龍馬暗殺に傾いたことになる。つまり、土佐藩と薩摩藩は大政奉還以降に急激に接近し、武力討幕へと舵を切ることになる。この動向と近江屋での龍馬暗殺事件との間には強い関連性がうかがえる。

その傍証として、坂本龍馬に対する「土佐藩入居拒否事件」がある。

龍馬は「大政奉還」成立以後、酢屋から近江屋に寓居《ぐうきょ》を移すほど、身の危険が迫っていたが、その背景には尊攘討幕派の動きがある。そんな中、捨身で新政府綱領の草案に取り組み、また新政権移行のために越前へ出張している。

帰京した龍馬には、さらなる危険が迫っていた。龍馬の隠れ家を知る術もないはずの者が、近江屋の寓居を訪れたのである。

このままでは身動きがとれないと判断した龍馬は、十一月五日、土佐藩に入居を申請したが、土佐藩は入居を拒否している。拒否理由は、国法（土佐藩脱藩罪）を犯したためとのことである。（『寺村左膳文書』）

（注記）龍馬の脱藩罪は、長崎に来た土佐藩参政・後藤象二郎と大監察・福岡藤次の談合によって許されたはずであるが、土佐藩の正式な許可ではなかったことになる。従って、藩邸総裁職となった、討幕過激派の中心人物・乾退助らが藩の大勢を牛耳っていることから、龍馬入居拒否問題は、乾の意向が働いたものと推察する。

（注記）乾（板垣）退助は、西郷の討幕行動に同調した人物として、戊辰戦争では東征軍参謀として、白河口の決戦・二本松少年隊との決戦・会津城攻略戦で指揮をとり、悲惨な状況に追い込んだ人物である。明治維新となり、西郷と乾は征韓論で一致する。非常に気脈の通じた間柄である。

伊東甲子太郎の配下に富山弥兵衛と称す高台寺党隊士がいるが、この者は元薩摩藩士として大久保利通や吉井幸輔（友実）とは旧知の間柄であり、龍馬暗殺事件の実行犯の一人と考えてよい。

十一月三日、薩摩藩邸で中村半次郎（桐野利秋）と伊東甲子太郎は密談しているが、当日の伊東は吉井幸輔とも会っている。このとき、新撰組の犯行と見せかけた龍馬暗殺計画が練られたと推察する。

十一月七日には、伊東と吉井の再会談が行われており、伊東甲子太郎が高台寺党の隊士二名を指名した疑いが濃厚である。

つまり、近藤勇と対立した伊東の怨念のようなものが密談を加速したものと思われる。なお、薩摩藩の思惑とも一致している。

事件の前々日にあたる十三日、薩摩藩邸を出た富山と伊東は、下見を兼ねて龍馬の寓居（隠れ家）へと向かうが、近江屋の外で富山が見張り、伊東は近江屋の新助の案内で醤油蔵にいる龍馬と接見している。このとき、中岡慎太郎も在室していた。

中村半次郎は吉井幸輔とともに高台寺塔頭月真院に出向き、伊東との密談の中で富山弥兵衛と、新井忠雄を刺客として正式に決めたことになる。新井は薩摩とも縁のある示現流の達人であり、中村半次郎と同様に、小太刀・居合道の名手であることから、伊東によって選ばれたものと推察する。

（注記）新井忠雄は磐城平《いわきたいら》藩出身。新撰組では監察・撃剣師範。慶応三年に高台寺党隊士。薩摩示現流の達人。小太刀・居合の名手。油小路事件では上手く薩摩藩に逃げ伏せる。ただし、中村半次郎は西郷の側近中の側近であり、高台寺党は飽《あ》くまでも利用対象でしかなかった。薩摩藩は「坂本龍馬暗殺計画」と「近藤勇襲撃計画」を同時期に企てているたが、その実行にあたっては高台寺党を利用したことになる。西郷の好んだやりかたであるが、失敗しても薩摩藩には追及が及ばないとみるからである。

「近藤勇襲撃計画」は、伊東が近江屋を訪れた当日（十一月十三日）に実行されている。近藤が伏見街道より伏見奉行所へ戻るとみた伊東ら高台寺党は、薩摩藩伏見藩邸に集合し、富山弥兵衛豊国・新井忠雄・篠原泰之進・加納道之助通広・橋本皆助・阿部十郎・三木三郎・内海次郎・藤堂平助・服部武雄・清原清・斯波良作ら十数名によって決行している。

戦術は、伏見街道丹波橋たもとの空き家に潜伏、近藤らを待ち伏せして銃を放つことで、相手が斬り込んでくると想定し、橋のたもとに潜んでいた篠原・加納が槍で近藤を仕留める手はずであった。

しかし、新撰組隊士の島田魁《かい》・横倉甚五郎・石井清之進・馬丁吉らは、一斉に退却している。これによって、近藤ら新撰組は危機を脱することになる。

この事件は、伊東甲子太郎を首謀者とする高台寺党一派が起こしたものであるが、その裏には薩摩藩がいたのである。その一部始終は、近藤に知らされている。

それは、新撰組を分断する初期の段階に、斎藤一《はじめ》（新撰組三番隊長）を伊東の許へ送り込んでいたからである。

（注記）新撰組には鉄の掟「局を脱することを許さず」という法度が存在する。脱退は特別な理由以外は許されないが、伊東の場合、孝明天皇の御陵衛士を山陵奉行戸田大和守忠至より拝命したことで、近藤は「分離」というかたちに収めた経緯がある。

斎藤一から内通を受けた近藤は、伊東甲子太郎らが薩摩藩から経済援助を受けていた事実を知り、直ちに粛清する方針を固める。

近江屋事件の三日後となる十月十八日に、新撰組局長・近藤勇は伊東甲子太郎らを酒宴に招き、帰路において油小路の本光寺付近で斬殺している。

龍馬を殺害した実行犯であるが、二名は高台寺党隊士であると思われるが、残りの一人は薩摩藩の中村半次郎と断定している。

中村は「人斬り半次郎」の異名をもつプロの暗殺者であると同時に、桐野利秋と称して、西郷の側近中の側近であり、西郷の影の部分を支えた人物である。

（注記）桐野利秋（中村半次郎）は、戊辰戦争では軍監として会津の処分に関わり、明治維新になると陸軍少将に就くが、「征韓論」に敗れた西郷に従って薩摩に下り、西南戦争では西郷とともに墓場まで連れ添っている。

（注記）『肥後・細川家文書』には「坂本害し候薩人なるべく候」とある。

ここで近江屋事件が起きた十一月十五日、中村半次郎が記録した『京在日記』を検討してみたい。

永山士同行、坂元彦右衛門旅・日光屋越シ・夜五ツ前帰邸

（『京在日記　利秋』慶応三年十一月十五日）

「坂元彦右衛門」とは坂本龍馬と考えられる。「日光屋」を近江屋に置き換えるならば、龍馬が殺害された時刻と一致する。従って、桐野こと中村半次郎の主犯は揺ぎないものとなる。

事件後に暗殺現場へ駆け付けた谷守部（干城）は、中岡慎太郎の枕元で直言を耳にしたとして、刺客が龍馬に斬りつける際に「こなくそ」と発したと述べている。これは伊予松山地方の方言であるとのことであったが、薩摩弁の「こげんなくそ」ではないかと思われる。

また、中島信行の証言によれば、近江屋の女中「おそめ」が秘かに聴いた話として、刺客が引き上げる際に薩摩なまりの言葉を残したとされている。この「おそめ」は薩摩出身の女とのことである。

薩摩の疑いは濃厚となったが、国際法の権威者である蜷川新《にながわあらた》は「武力討幕を強く主張する西郷が龍馬暗殺の黒幕」だと明瞭に述べている。（『土薩連合説』西尾秋風・立命館史学会編）

新撰組隊士で伊予松山出身・原田左之助のアリバイは実証されており、谷が新撰組の仕業に見せかけるための偽証であることが明らかとなる。

このように、薩摩藩の犯行である疑いが濃厚であるが、さらに新たな史料が発見されている。それは、『佐々木多門の密書』なるものである。差出人の佐々木多門は近江屋事件直前に、関龍二・宮地彦三郎・島村要・三上太郎らとともに海援隊に入隊しているが、この五名は、龍馬暗殺計画を察知した肥後藩家老・有吉将監が送り込んだ者たちである。有吉将監は「近江屋事件」以後、龍馬暗殺の黒幕についてこのように記している。

坂本を害し候も薩人なるべく候

（『改訂肥後藩国事史料』）

なお、『佐々木多門の密書』であるが、幕府の旗本・松平主税《ちから》の家臣岡又蔵宛の文書によれば、龍馬暗殺事件に薩摩が関与したことは、歴然たる事実だとしている。

右ノ外、才谷殺害人、姓名迄相分リ、是ニ付キ薩藩ノ処置等、種々愉快ノ義コレアリ、何レ後便書取申上ルベキト存ジ奉リ候。申上ゲ度キ儀、海山々御座候へ共、取急ギ右、貴答申上ゲ度、此クノ如クニ御座候。

十二月十九日

多門

岡又蔵　様

（『佐々木多門の密書』・慶応三年十二月十九日付）

ここに記してあるように「才谷殺害人、姓名迄相分リ、是ニ付キ薩藩ノ処置等、種々愉快ノ義コレアリ」と明快に密書は示している。

注目すべきは、事件直後の書簡であることで、「薩摩犯行説」を裏づける重要な史料である。

（注記）差出人の佐々木多門は、『山内家史料』八編「明治元年二月」の項に、「海援隊士長岡謙吉等連署シテ佐渡及伊豆諸島鎮撫ノ命ヲ稟ケン事ヲ朝ニ請フ」とする建白書に連署していることから、実在の人物であり、海援隊の幹部であると見られる。

慶応三年十月十七日、西郷は下向の直前に中村半次郎（桐野利秋）を京都二本松藩邸（現・上京区同志社大学内）に呼び寄せている。この時、徹底抗戦によるしか政権交代の道はないとし、「薩土盟約」で約束した「大政奉還」と同時並行的に、裏工作による「討幕の密勅」（偽勅）をもって挙兵の行動に出ることを申し渡している。

その当日、西郷は長州の広沢真臣、薩摩の大久保利通・吉井幸輔、そして腹心の中村半次郎とで密議を交わす。すっと立ち上がって睨《にら》みをきかし「坂本を抹殺すべし」と、太刀を持つ腕を二度ほど「ぽんぽん」と叩いたという。それに対して、誰も異論を唱えなかった。龍馬という人間は、人よりも一歩先を目指して行動することから、西郷にしてみれば脅威であった。

龍馬も危機が迫っていることはわかっていたが、捨て身で越前に赴き、三岡八郎（由利公正）に新政府への出仕を要請している。その間に殺害計画は、土佐藩と連携して着々と進められていたことになる。

龍馬は帰京すると直ちに「新政府綱領八策」の草案に取り掛かり、長岡謙吉に起草させているが、近江屋に危険が迫っている中で新政権発足を夢見たものと推察する。

従って、西郷が薩摩へ派兵の準備で下向したことを後から知った龍馬は、着々と諸侯会議の準備を早めており、幕閣の永井邸にたびたび足を運び、新政府樹立の下準備を進めていたのである。

諸書には、一日に二度も訪れていたとあるのも、そのためと考えられる。前述したが、龍馬が急いだのは、薩摩藩兵が上洛するまでに御所での諸侯会議を開き、決議によって新政府を樹立するためであったと考える。勅許を経て新政府がスタートすれば、右往左往していた諸藩も幕府方に傾き、尊攘派の公家たちは参内を許されず、薩摩藩兵が入洛しても朝敵と見なされ、賊軍として排斥される運命となるからである。

西郷は下向にあたり龍馬の行動を封じる必要があったわけで、中村らに暗殺を命じたと推察することができる。

なぜ、中村以外に高台寺党隊士二名を刺客に選んだかといえば、薩摩藩士が実行犯となることを避けるためである。また、中村はプロの暗殺者であることから、あえて、首謀者として実行犯二人を監視する役目も担っていたものと思われる。

犯人は現場に現れるというが、中村半次郎は、龍馬の葬儀を見ていたことがわかっている。

事件から三日目の十一月十八日、近江屋を出た三棺は、東山霊山霊明神社に着き、葬儀が行われたが、龍馬を殺害した主犯の中村半次郎は、共謀の疑いがある土佐藩小目付・岡本健三郎から場所を聴き、葬儀を傍観していることが、本人の日記や目撃した龍馬の甥・高松太郎と兄・権平の養子・坂本清次郎らによって明らかとなっている。(『京在日記　利秋』)

晴、山田士同行ニテ岡本健三郎処へ越シ、ソレヨリ坂元龍馬、石川清之介ノ墓参イタシ候処(後略)

(『京在日記　利秋』慶応三年十一月十八日)

龍馬と親しいはずの福岡藤次は、殺人現場にも駆け付けておらず、葬儀にも参列していない。この頃になると、勇気をもって龍馬の墓前に向かう土佐藩士はいなかったものと推察できる。暗殺当日、龍馬は福岡藤次の寓居を訪ねているが不在であり、福岡はすでに龍馬の殺害を予想していた可能性もある。

また、龍馬の居場所を密告したとされる岡本健三郎であるが、彼は龍馬とは常時行動を共にしており、事件発生の三十分前まで近江屋母屋二階に龍馬らといた。しかし、八時頃になるといきなり席を立ち、その後、寄宿舎にも帰らず、事件現場にも現れていない。暗殺計画を事前に承知していたものと考えても不思議ではない。また、葬式にも参列していないことがわかっている。

以上のように、岡本も福岡も不自然な動きをとっており、土佐藩が事件に深く関わっていることは間違いなさそうである。

実行犯の一人・中村半次郎の『京在日記　利秋』には、岡本健三郎と中村の親密さが見える。黒幕と目される西郷隆盛が、現場近くにいる必要はない。逆に、できるだけ離れていた方が黒幕の正体を見破られない利点がある。従って、西郷が上京する前に決行することが事前に計画されていたことになる。

十一月二十三日に西郷は入洛しているが、あれほど龍馬と親密にしていたにもかかわらず、龍馬の墓参はしていない。一方、長州の桂小五郎（木戸孝允）は霊山の龍馬墓所に参り、揮毫している。

半藤氏は自著『幕末史』に次のように記している。

「龍馬が動いたら面倒なことになる。邪魔者は殺せです。龍馬を殺さねばならぬと薩摩は考えたと思います。私は龍馬暗殺の背後に薩摩がいた、とする説をとっています」

西郷の裏の顔を任されたプロの暗殺者・中村半次郎が、龍馬暗殺の主犯であるという事実。そしてこれまで述べてきた数々の状況証拠。筆者はこうした事実や証拠に基づいて、龍馬暗殺の黒幕は西郷に他ならない、と確信するのである。

第四章　戊辰戦争の火付け役

禁門の護衛解除の謎

坂本龍馬が暗殺されて八日後の十一月二十三日、西郷は入京し、同月二十九日、西郷の指示で長州藩の先発隊八百人が打出浜に上陸している。

本来ならば、長州の入京は許されておらず、幕府に知らせず京都への進軍を図ろうとしたことになる。幕府としては寝耳に水である。この事態は異様であり、西郷が放ったクーデターの前触れといってよい。

十二月九日の「王政復古の大号令」が発せられた前日、朝廷は毛利敬親（長州藩）の復権と、三条実美以下七卿の官位を回復させ、長州兵の入京を許す勅許を下している。

慶応三年（一八六七）十二月九日の朝、岩倉具視は蟄居赦免の上、参議として朝廷に出仕とされているが、建前に過ぎず、すでに岩倉らによって「王政復古」に向かって朝廷の根回しがされていたことになる。

朝議において長州藩主毛利敬親・定広父子の官位復旧と入京の許可が下り、西郷は、クーデターを実行するにあたり、さまざまな工作を打ち親徳川派公家の筆頭である摂政・関白の二条斉敬や賀陽宮《かやのみや》朝彦親王らを排除している。

御所を守る会津・桑名藩兵の警備を解いているが、なぜ戦わずして薩摩藩・芸州藩・福井藩・

尾張藩・土佐藩の藩兵に交代させられたのか、その疑問は解決されないままであった。当時、京都守衛の幕府軍はクーデター軍の三倍近い兵力で在陣しており、抵抗せずに簡単に撤退したことは謎といってよい。

西郷や岩倉も、幕府軍と一戦を交えたならば、負ける覚悟もしていたはずである。それらの疑問に答える史料が会津藩の記録に見える。

それは、宮門の衛舎で当直をしていた大砲隊組頭・小池勝吉の証言である。それによると、勝吉は「なぜ軍服で御所に入るのか」と問うているが「主君が参内するので、すでに許可を得ている」と言い、芸州軍は「薩摩から連絡があり、兵を出したが、その理由はわからない」と述べている。（『会津戊辰戦史』）

つまり、親幕府諸藩に確たる理由を告げず、薩摩藩主導のもとで宮門の守備についたことになる。なお、桑名藩士・加太邦憲は「朝廷の命令」が出たと回顧録に記している。

十二月九日早朝、朝廷より突然、会桑両藩の禁門（宮門）宿衛を解く

（『自歴譜』加太邦憲（桑名藩士））

この「朝廷の命令」は、誰が出したものなのかという点であるが、福井藩の中根雪江の日

記に疑問を解く鍵が見える。

十二月八日の夜、岩倉具視の屋敷に薩摩・土佐・芸州・尾張・福井の五藩の重臣が集まり、翌朝のクーデター決行の打ち合わせをしている。尾張藩と福井藩が謀議に加わったのは初めてのようで、このとき、岩倉は重臣らに一枚の紙を渡している。

公家門は桑名が固めていたところを薩州が交替せよ。蛤御門は、会津が固めていたところを土州が交替せよ
（岩倉具視の指示書）

これと同じものが、西郷自筆のメモとして現存している。この命令書は、西郷があらかじめ書いたものとされている。

西郷は一介の薩摩藩士であり、岩倉具視は謹慎を解かれていない。しかも、下級公家に過ぎない岩倉が「朝廷の命令」を出す権限はなく、徳川一門である尾張藩や福井藩の兵も交替はしたものの思い迷ったと思われる。

この謀略は会津藩兵・桑名藩兵をだますためのものである。「王政復古」のクーデターを成功させる前提として、西郷が仕組んだシナリオであった。

会津・桑名の藩兵を締め出したことで、実質的な戒厳令が敷かれ、薩摩藩兵を主力に、御

所を制圧することによって、軍事的にも朝廷の主導権を握ったことになる。

朝議を終えた公家たちが退出すると、すぐさま、公武合体派の公家たちは参内を禁じられ、御所の九門は封鎖された。すべて西郷のシナリオ通りといえよう。

ようやく蟄居赦免となった岩倉具視を参内させ、天皇に代わって「王政復古の大号令」を発している。本来は、「王政復古の大策」に基づいて、天皇が親王・諸侯を集め、「王政復古の大号令」を発するのであるが、幼少の天皇は御簾《みす》の後ろにいて、参議の岩倉が天皇に代わって大号令を発したと推察する。従って、「朝廷の命令」は岩倉の腹案と考えられる。

王政復古は聖断か？

慶応三年十二月九日の、明治天皇の聖断とされる王政復古には疑問がある。

本来であれば、天皇の個人の意思が反映されなくてはならないが、岩倉具視や西郷らのクーデター計画に基づいて幼い天皇を人質として承認を得たものと考えられる。

戦前に編纂された文部省の『維新史』はこの問題を次のように叙述している。

王政復古の大号令は予定通り渙発せられ、ここに国民は、久しく暗雲に鎖された天日を再び仰ぐを得た（中略）即ち岩倉具視等は相倶に御前に候し、先に聖断を経たる王政復古の大策は、今日を以って断行あらせらるべき旨を奏上し、御前を退いて小御所に入ったのである

（『維新史』一　文部省維新史料）

（注記）『維新史』は文部省維新史料編纂事務局が編纂した本篇五巻・付録一巻からなる明治維新史の概説書である。

この文書によれば、岩倉が謹慎を許されたのは十二月九日であるが、「先に聖断を経たる王政復古の大策は」と記述があることから、すでに、岩倉具視が明治天皇に会ったときには、天皇は聖断を下していたことになる。不思議なのは、いつ聖断が下されたかである。岩倉は謹慎の身であり、禁中への参内は一歩も許されていないはずであることから、天皇に会ったのはいつなのかが問題となる。

いよいよ七日……王政復古の大号令は十二月九日を以って渙発あらせられることに決し、忠能より叡聞に達して、聖断を仰ぐ所があったのである

（『維新史』二　文部省維新史料）

ここに見える忠能という人物は中山忠能である。天皇の外祖父に当たり、娘・慶子は明治天皇の生母となる。

岩倉具視が、中山に秘かに計画を託したとされる。中山は王政復古の二日前の十二月七日に天皇と会い、クーデター決行の「聖断」を仰いだということになるのだが、この定説には大きな疑問がある。当時の朝廷の実権を握っていたのは、藤原一族の摂政・二条斉敬であったからである。二条斉敬は摂政として毎日参内し、天皇に会い、政務をとっている。

それに引き替え、中山忠能は天皇の祖父とはいえ、二条家と比較すれば、はるかに下の家柄であり、朝廷の役職にも就いていない。しかも、一年前には蛤御門《はまぐりごもん》の変《へん》に連座して謹慎処分を受けている。すなわち、禁中参内を閉ざされた身にある。このことを考えれば、「王政復古」は西郷と岩倉が企んだまさにクーデターといってよい。十二月九日、幼い明治天皇に代わって岩倉が強引に発したのが「王政復古の大号令」と考える。

もう一つの「王政復古」

西郷が恐れたのは、薩摩に下向中に龍馬によって新政府が誕生してしまうことである。このことは前述したが、龍馬による新政府の構想とはどのようなものだったのだろうか。

慶応三年十一月に『王政再興見込案』（二条家所蔵文書）と称されるものを藤原一族が提示している。これは、新しい政権構想であるが、筆者はこれこそ、永井を通して龍馬が進めようとした「王政復古計画」であると類推する。
この『王政再興見込案』は、二条城にいた徳川慶喜と密接に連絡を取り合って決めたものである。「兵庫開港」などの国事においても一致しており、新政府では幕府に替わり、交易によって財政的国力を高めようとしたことがうかがえる。つまり、龍馬が三岡八郎から学んだ「民富めば国富む」の発想である。

（注記）二条斉敬は十一代将軍家斉の「斉」の一字を名前としており、徳川家とは親密な関係にある。

龍馬は『王政再興見込案』を提示した十一月十五日に暗殺されているが、事件の前日まで再三にわたって永井尚志邸を訪れている。永井は慶喜の側近であることから、斉敬の計画した『王政再興見込案』を歓迎し、大いに支持したものと考えられる。
龍馬は、オランダ商人ハットマンとライフル銃千三百挺の購入を契約しているが、一部を土佐藩に運んでいるのは、討幕派のためではなく大政奉還以後の「王政復古」を見据えていたことになる。龍馬にとって誤算だったのは、土佐藩が藩是に反する行動に出たことと、自分自身の死だったのではないだろうか。

（注記）『王政再興見込案』は、慶応三年（一八六七）十一月に起草された上級公家の王政復古計画とされる。（『二条家所蔵文書』）

西郷が謀った年貢半減令

慶応四年（一八六八）の伏見戦争後、官軍（総督府）の東征に先駆けて、薩摩藩討幕派西郷隆盛の指示を受け、「年貢半減令」が布告されている。（『江濃信日志』）

幕末の動乱期は、日本の人口の八割は農民であるが、年貢に苦しめられた農民たちは、生活ができなくなり、無宿人として侠客の道に入る者が続出することになった。関東取締出役により、関東八州の取り締まりが厳しさを増していた。また、脱藩した浪人や土豪たちが、国事や藩政に関わるような時代でもあった。

藩兵の何倍もの農民が重い年貢に苦しめられ、鍬《くわ》や鎌を武器として城を囲むなど、「世直し一揆」と呼ばれる行動に出た。この「世直し一揆」は藩主たちを大いに悩ませていた。そこで西郷が考えた「年貢半減令」は、新政府の掲げた「御一新」を背景に、行く先々の農民たちに大いに歓迎されることになる。

当時の民衆が願っていたのは「租税半減」であり、西郷は農民にとって夢のような国家が誕生するかのような演出をしたのである。「御一新」と称して極楽のような世の中が開かれると考えた農民や草莽の志士たちがいた。この中には、「赤報隊」という隊があり、年貢半減を叫んで薩摩軍の東進を助けることになる。

慶応四年一月十五日、赤報隊は京都から信州へと抜ける東山道をとり、江戸に向けて進軍を開始している。武器は薩摩藩から援助され、正規の官軍としてスタートしている。

行く手には、幕府勢力の厳しい抵抗が予想されたが、戦いを挑む藩はなく、順調に進軍している。沿道では赤報隊に資金援助を申し入れ、隊に加わる者も多く、赤報隊の隊員は膨れ上がったとされる。

史料によると、長野県佐久地方から桜井常五郎という農民が参加している。また、山梨県東八代郡御坂町からは、清水次郎長と縄張り争いをした黒駒勝蔵という博徒の大親分も参加するなど、赤報隊隊員は、農民や郷士・博徒などで占められていた。

東国は無論、諸国の内、これまで徳川氏の領分、旗本の知行所とも、王民と相成候えば、今年の租税は半減、昨年未納の場も同様と仰出され、積年の苛政をゆるめられ候事にござ候。此一儀にても東国の民はすぐさま離れ申すべき儀と存奉候

（西郷隆盛の書簡）

歴史学者の井上清は、著書『西郷隆盛』（中公新書）で、西郷は民衆工作を進めるため、農民の租税半減を草莽の浪士にやらせたと記している。江戸風俗学の大家・三田村鳶魚《えんぎょ》は憎しみを込めて西郷を非難している。

西郷が抹殺した赤報隊

慶応四年（一八六八）一月三日、鳥羽・伏見で戊辰戦争の戦端が開かれるが、京都で西郷と再会した相楽総三は、今度は赤報隊隊長を命じられる。

赤報隊は近江国愛知郡松尾寺村（現・滋賀県愛荘町）金剛輪寺で、一月十日、青年公卿・綾小路俊実を盟主として三隊編制で結成されている。これは、総督府参謀となる薩摩藩討幕派・西郷隆盛の指令を受けて組織されたものである。

相楽らは年貢半減を説いて触れ回り、民心を引きつけるとともに、東征において諸侯を恭順させる原動力にもなっていた。

しかし、租税半減は財政的に不可能であることは最初からわかっていたことであり、用済みとなった相楽総三ら一番隊は、慶応四年三月三日、信濃下諏訪で捕捉され、官軍の名を騙《かた》り無頼を働いたとして、「偽官軍」の汚名を着せられ、西郷によって処刑を命じられている。

一度の取り調べもなく一晩寒風と氷雨の中に放置され、三月三日に処刑されている。斬首の上梟首《きょうしゅ》が七名、四十名以上の同志が追放されるという厳しいものである。

此程、相楽総三といふ者并に外七人、信州追分宿にて斬首せられ

（『中外新聞』明治元年四月十九日付）

人間を将棋の駒のように扱い、使い捨てるのが西郷のこれまでのやり方である。原田伊織氏は、著書『大西郷という虚像』の中で、「西郷にしてみれば、端から使い捨ての心算である。西郷とは、こういうことを平然とやってのける神経をもっていた男であるということなのだ」と叙述している。

作家の井出孫六氏は、明治維新の中で、理想主義的な方向の象徴的な存在として、相楽と赤報隊をうまく操り、使い捨てたとしている。

なお、ＮＨＫ歴史誕生取材班『歴史誕生』第四巻所収「謀略に消えた志士・赤報隊偽官軍事件」に記されているように、相楽は西郷の内意を受けて、赤報隊を指揮していたことになる。

西郷の冷血さは、「赤報隊」の役目が終わると、何のためらいもなく抹殺したことである。西郷は幕府の現状を憂いて討幕行動に踏み切ったのではない。近代的国家建設の理想があったわけでもない。幕府を破滅させることのみを目的としているところに、人間的な恐ろしさを感じるのである。

原田伊織氏は「近代的な新しい国家建設のためなどというのは、後世の官軍史観の産物であることは、これまでの著作で整理してきた通りであって、西郷がそのようなグランドデザインをもっていたとは断じてない」と述べている。

（注記）この赤報隊は、西郷隆盛の裁可を得て結成されたものであり、薩摩軍の鎮撫総督指揮下の部隊として正式に組み込まれたものであった。処罰された当時の刑場張付田跡は、史跡「魁塚《さきがけづか》」と称されている。

第五章　偽「錦の御旗」の威力

小御所会議での「辞官・納地」

慶応三年（一八六七）十二月八日、西郷は、薩摩藩を筆頭に土佐藩・尾張藩・越前藩・安芸藩らの代表を岩倉具視の自邸に集め、「王政復古」の断行を宣言するため、協力を要請している。翌九日になると、朝議を終えた親幕派の公家らが退出した直後、西郷は薩摩藩を中心とする藩兵で御所全門（九門）を封鎖すると、武力による討幕の色を鮮明にしている。そして、尊攘派の岩倉具視が幼い明治天皇を臨席させ、「王政復古の大号令」を発することになる。

大号令の内容
○徳川慶喜が申し出ている将軍職辞職の勅許
○京都守護職・京都所司代の廃止
○江戸幕府の廃止
○摂政・関白の廃止
○総裁・議定・参与の三職を設置

当日の夕刻から、小御所において十五歳の明治天皇臨席のもとで会議が開かれた。大名の出席者は、尾張藩・徳川慶勝、福井藩・松平慶永（春嶽）、土佐藩・山内豊信（容堂）、薩摩藩・島津忠義、広島藩・浅野茂勲の五侯である。この他に、薩摩藩士・大久保利通と岩下佐次右衛門、土佐藩士・後藤象二郎、広島藩士・辻将曹たちが、敷居際に陪席を許されていた。

公議政体派を代表して口火を切ったのは山内容堂で、徳川慶喜を議長とする諸侯会議の開催を主張する。この意見に岩倉・大原らは徳川政権の失態を述べ、「辞官・納地」が先決であると反論。これに対して、公議政体派は「辞官・納地」を求めるのであれば、徳川慶喜を会議に呼ぶべきとした。双方一歩も譲らず、見かねた中山忠能は一時休憩を宣言する。

この会議に同席していた薩摩藩士・岩下左次右衛門方平は、御所の警備にあたっていた西郷隆盛に助言を求めている。西郷は、議定として「小御所会議」に出席する予定でいたが、御所の警備を重視したことになる。このとき、西郷は「ただ、匕首あるのみ」と短刀に手をやったという。

この脅しともとれる西郷の言葉は、芸州藩を介して山内容堂の耳に伝わった。再開した会議では意見の対立はなくなり、摂政・関白・左大臣・右大臣などの官職は廃止となった。そして新たに総裁・議定・参与によって政治が行われることになる。

総裁・議定・参与のリスト

・総裁：有栖川宮熾仁親王《ありすがわのみやたるひと》
・議定：仁和寺宮嘉彰親王・山階宮晃親王・中山忠能・正親町三条実愛・中御門経之・徳川慶勝・松平慶永（春嶽）・浅野茂勲・山内豊信（容堂）・島津忠義
・参与：大原茂徳・岩倉具視・橋本実梁《さねやな》・万里小路《までのこうじ》博房・長谷信篤・尾張藩士（丹羽賢・田中不二麿・荒川甚作）・越前藩士（中根雪江・酒井十之丞・毛受洪《めんじゅひろし》）・芸州藩士（辻将曹・桜井与四郎・久保田平司）・土佐藩士（後藤象二郎・神山左多衛・福岡孝弟）・薩摩藩士（西郷隆盛・大久保利通・岩下方平）

大号令が発せられた後、十二月十四日にはその要旨は諸大名に通告されている。翌々日には庶民に布告されることになった。「錦の御旗」を掲げた新政府が、五摂家を頂点にする公家の門流支配を衰退させた。これは、新政府が藩閥政治へ舵を切ったことを意味しており、大きな事件である。

（注記）「辞官」とは将軍徳川慶喜の内大臣辞任のことで、「納地」とは、幕府所領の返納を意味する。

戦略家・西郷の次の一手

王政復古の大号令が発せられたとはいえ、慶喜の「辞官・納地」が決まらず、西郷は苛立《いらだ》ちを隠せなかった。そして慶応三年十二月二十三日、今までの攪乱工作に増して決定的な行動に出ている。

『アーネスト・サトウの日記』には、「薩摩藩士が江戸城の二の丸に放火して、薩摩から先々代の大君に嫁した天璋院様を連れ去ろうと企てた」とある。天璋院が二の丸に居していたなら辻褄《つじつま》が合う。何らかの手蔓《てづる》で薩摩藩の者を迎え入れた後に放火したのであれば、アーネスト・サトウの日記に信憑性が増すことになる。

同日には、薩摩の支藩・佐土原藩の藩士が江戸市中警護の庄内藩屯所を襲撃しており、甲府城の襲撃、相州荻野山中陣屋の襲撃など西郷の命じた攪乱工作は炸裂《さくれつ》している。

赤報隊が組織されたのは慶応四年であるが、その前に西郷は相楽総三に、江戸の旗本・御家人・商人を襲うよう命じている。具体的には放火・略奪・強姦・暗殺である。江戸期には最も重い罪であった蛮行を繰り返している。日本橋の公儀御用達・播磨屋や蔵前の札差・伊勢屋、本郷の老舗・高崎屋といった大店が狙われている。

これを察知した旧幕臣・小栗忠順は、同月二十五日、直ちに「江戸市中取締」の庄内藩に粛清を命じており、庄内藩士二千人が三田四国町の薩摩江戸藩邸を焼き討ちしている。このとき、フランス軍の軍事顧問団ブリュネ大尉が砲兵を指揮する。

薩摩の暴動が江戸の旧幕臣たちを怒らせたことは、二十八日、大坂にも急信されている。

慶応四年一月、慶喜はいよいよ薩摩のみを討つという「討薩の表」を掲げている。

旧幕府軍の会津・桑名を中心とする兵は、「薩賊一掃の兵」として京都への進軍を決めるが、西郷は幕府を挑発して戦端を開こうと、この機を狙っていた。

鳥羽・伏見の戦いに歓喜

慶応四年(一八六八)一月三日の夕刻、薩摩の大砲が火蓋を切るが、革命家の西郷は「ああ、よかった。鳥羽の一発は、百万の味方を得たよりも嬉しかった」と開戦の報を語ったとされている。

当時、双方の勢力は、新政府側は薩摩・長州・土佐・芸州合わせて五千人とされ、旧幕府側は一万五千であった。人数からすれば圧倒的に旧幕府側が有利である。しかも、土佐と芸州は戦況によっては旧幕府側につく可能性があった。

戦闘は必ずしも兵の多寡が勝敗を決めるとは限らないが、戦略家の西郷はすでに勝ちを意識していたようである。薩摩藩の二十門の大砲が威力を発揮すれば、一溜まりもなく勝敗が決すると見ていたからである。

現に、旧幕府軍は旧式の先込め銃で応戦するのに対し、薩摩兵は元込め銃であり、兵器の差を見せつけていた。

同月五日には、長州で作った「錦の御旗」が淀川の北岸に三本翻り、その瞬間、「薩賊」とする名目がひっくり返ることになる。旧幕府軍はその瞬間から朝敵とみなされたのである。これにより、淀藩兵や津の藩兵も新政府軍に寝返ることになる。

西郷は慶応三年十月には、すでに武力による討幕を決めており、「討幕の密勅」とともに「錦の御旗」を秘かに造るよう計画を進めていたが、公家の岩倉具視の秘書官・玉松操の資料をもとに、大久保利通の愛妾・おゆうが購入した金紗銀紗の布を長州に運び、二か月かけて完成させたのが「偽の御旗」である。この謀略を指示した西郷が、これによって戊辰戦争を優位にしたのは間違いない。

（注記）西郷が取った行動は、南北朝期には足利尊氏も戦局を有利にするため採用している。

錦の御旗が敵方の陣に翻ったと聞くや、慶喜は大坂城を抜け出し、一月七日には旧幕府の軍艦・開陽丸に乗船して、江戸へ逃亡した。これによって、一気に勝負が決した。

毛理嶋山官軍大勝利之圖
細川勢

毛理嶋山官軍大勝利之図（霊山歴史館 蔵）

鳥羽・伏見の戦いを描いた錦絵。「毛理嶋山」は、毛利家（長州藩）・島津家（薩摩藩）・山内家（土佐藩）を指す。

旧幕府軍一万五千の兵を置き去りにして逃亡することは、前代未聞と言ってよい出来事である。幕臣で軍艦奉行としてフランス式軍事教練をマスターする小栗忠順や榎本武揚らの智略を考えれば、圧倒的に旧幕府軍が優位であるのは間違いなかった。

不落の大坂城に立て籠って慶喜が毅然と振る舞えば、関東・東北諸藩の大軍が駆けつけるのは必然であった。大阪湾の強力な軍艦から薩長軍に砲撃を加えることで、駆り出された農兵などで組織された新政府軍は、撤退せざるをえなかったのではないだろうか。

敗走する旧幕府軍

京都から大坂城に移った徳川慶喜は、江戸での旧幕臣たちの開戦の気運と相俟《あいま》って、容保たちの強硬意見に押し切られるかたちで、ついに薩摩のみを討つべきとする「討薩の表」を掲げた。慶喜は大坂城に留まるが、会津・桑名の兵は「薩賊一掃の兵」として京都へ進撃を開始する。

このとき、もし龍馬が存命であれば、少し違った行動に出たと推察するが、慶喜に智略を与える者がいなかったことが不運の始まりである。

旧幕府軍は京都へ進撃するが、新政府軍は「錦の御旗」を三本、淀川の北岸に翻らせると、「薩賊」の名目は一気に吹き飛び、旧幕府軍は逆賊となったのである。本来ならば大坂城に立て籠り、「辞官・納地」を楯にして悠然と構え、秘かに親幕派の公家を動かすことで、有利な交渉をすることが可能であった。

西郷の謀略に乗せられた旧幕府軍は、京都への進撃を開始するが、それが朝廷への逆賊と見なされると、日和見的中立を保っていた淀藩が新政府軍に加担して城門を閉ざすことになる。旧幕府軍はやむなく八幡・橋本に退くが、山崎に布陣していた津藩兵までもが裏切り、砲撃を加えている。

大坂城で鳥羽伏見の敗報に接した慶喜は「江戸で軍勢を整えて再挙を図る」と言い出すことになった。一月六日の深夜に松平容保・定敬兄弟や、老中・酒井忠惇、板倉勝静らを伴って大坂城を抜け出すと、七日には開陽丸に乗って江戸に向かっている。逃亡した慶喜に対して、新政府は同日「徳川慶喜追討令」を発布している。

西郷は「天下の権は馬上でとるでごわす」と述べている。禅譲を期待してはならないとしており、ほくそ笑いを浮かべたものと推察する。

一月九日、新政府軍は大坂城を占拠するが、大砲による火災で城は翌日まで延焼したといわれる。城を逃げ出した人の中に、終戦時の総理大臣となった鈴木貫太郎がいる。彼は慶応三年十二月生まれであることから、まだ生まれて間もない赤子であったことになる。

（注記）鈴木貫太郎の父は、千葉県関宿藩の代官として大坂に赴任しており、貫太郎は慶応三年十二月二十四日に大坂で誕生する。海軍大将、侍従長、終戦時の内閣総理大臣を歴任した。

慶喜の江戸への退却

一月十一日、大坂からの船が品川に着くと、慶喜は蟄居中の勝海舟を浜離宮に呼び寄せている。本来ならば、老中の板倉勝静や勘定奉行兼陸軍奉行並の小栗忠順に相談するべきであるが、大坂の旧幕府軍一万五千人を置き去りにして、江戸に逃げ帰ったという後ろめたさもあり、『海舟日記』からは、恭順派も青ざめていたことが読み取れる。慶喜は強硬派から非難されても仕方のない状況に追い込まれていた、と推察する。

開陽艦、品海へ錨を投ず。使いあり払暁、浜（浜離宮）海軍所へ出張、（慶喜が）御東帰の事、初めて伏見の顛末を聴く。会津侯、桑名侯ともに御供中にあり、その詳説を問わんとすれども、諸君ただ青色、互に目を以てし、敢えて口を開く者無し、板倉閣老へ附きて、その荒増を聴くことを得たる

（『海舟日記』）

勝海舟は慶喜に「なぜ大坂城に留まり、籠って戦わなかったか。やがて、江戸から大軍が駆けつけ、形勢は一変するのでは」と述べたと言われる。すでに将軍ではないとはいえ、主君に直言した勝らしい発言である。慶喜はこのとき、万事を勝に託したと思われるが、勝は、即断はしていないようである。

翌十二日、慶喜は江戸城に入る。大坂城を出奔するとき身に着けていたフランスの軍服のままで静寛院宮（和宮）に会おうとしたが、「ここは江戸城であり、しきたりを守らない者には会わない」と拒否されている。

一月十五日、勘定奉行兼陸軍奉行並の小栗忠順が、主戦論を建言したことから、慶喜は御役御免を申し渡している。

慶喜が恭順を示しても、小栗は「戦えば勝てる」と主張を曲げず、慶喜が立ち上がったところを「殿、なにとぞ」と袖をつかんだと伝わる。この当日、小栗は解職されることになり、袖を掴んだことは確かなようである。

慶喜は大坂を出奔するときは、「江戸で大勢を整えて再挙する」と述べたが、その言葉を覆して恭順の姿勢を示すことになる。

しかし、福井藩士・中根雪江の京都の情勢を報《しら》せた書簡によれば、「慶喜と会桑（松平容保・松平定敬）を極刑にすべし」として一致をみたとある。

慶喜は、京都守護職時代に討幕派から怨みを買っている松平容保（会津藩主）と松平定敬（桑名藩主）の登城を差し止めるだけでなく、非情にも、徳川家の存続にも影響するとして追放したのである。

だが、振り返るならば、容保は無理押しで慶喜によって京都守護職にさせられた経緯がある。にもかかわらず、わが身を守るため、遠ざけたことは驚く限りである。

第六章　江戸城無血開城の真実

勝・西郷の江戸城無血開城説

慶応四年（一八六八）三月五日、東征軍大総督府が駿府に着陣した翌日、西郷は強硬姿勢を崩さず、江戸城総攻撃を決めている。その決行日は三月十五日であった。

明治元年三月十三日と十四日の二日間、西郷と勝は議論している。十三日には高輪南町の薩摩藩下屋敷で二人は会っている。この時は下交渉で大した内容ではなかったようである。十四日には芝田町の薩摩藩蔵屋敷で再び交渉している。

（注記）現在、ＪＲ田町駅のすぐ近くにある第一京浜国道の三菱自動車工業本社前の玄関脇植え込みに、会談の碑がある。

江戸城無血開城は勝海舟と西郷隆盛の手柄というのが通説となっているが、西郷が薩摩藩の後ろ盾となっているイギリスからの圧力に屈したという新説もある。

西郷の代理として英国の駐日公使・ハリー・パークスと会った先鋒参謀・木梨精一郎は、パークスから、慶喜が恭順の意向を示しているにもかかわらず攻めるのは、万国公法に反するとして、筋違いであると激しい指弾を受けている。

（注記）恭順を決めた慶喜は、主戦派の小栗忠順を更迭し、陸軍総裁勝海舟・会計総裁大久保忠寛（一翁）に、交渉の全権を委任していた。

このパークスの正論を耳にした翌日、西郷は勝海舟と大久保忠寛との二日目の会談に入っており、パークスの意見が圧力として西郷の強硬姿勢に影響した。

従って、勝と西郷の二人が一夜にして、江戸城無血開城を決めたという通説には大きな誤りがある。

三月十四日の会談で、勝の嘆願に対して西郷は一存では判断できないことから、駿府の東征大総督府に行って相談する旨を伝え、十五日の総攻撃は一時中止としている。

早速、西郷は十五日に江戸を発ち、駿府の有栖川宮熾仁親王を総大将とする東征大総督府に勝の嘆願書を示している。

勝海舟の嘆願書

一　隠居（慶喜）の上、水戸表へ移し仕り度候事

一　城明渡しの儀、手続取計候上、即日、田安へ御預け相成候様仕り度候事

一　軍艦、軍器の儀は、残らず取納め置き、追って寛典の御処置仰せ付けられ候節、相

当の員数相残し、其余は御引渡し申上候様仕り度事

一　城内住居の家臣共城外へ引移り候様仕り度事

一　□□□妄挙を助け候者共の儀は、格別の御憐憫を以て、御寛典に成し下され、一命に拘り候様の儀これなき様仕り度事、但、万石以上の儀は、本文御寛典の廉にて、朝裁を以て仰せ付けられ候様仕り度候事

一　士民鎮定の儀は、精々行届き候様仕るべく、万一暴挙いたし候者これあり、手に余り候其節改めて相願い申すべく候間、官軍を以て御鎮圧下され候様仕り度事

なお、恭順を決めた慶喜であるが、去る三月九日、勝海舟と大久保忠寛（一翁）に全権を託している。勝は、江戸城総攻撃を回避するため、幕臣・高橋泥舟に相談しているが、泥舟は弟・山岡鉄舟（鉄太郎）を駿府大総督府東征軍下参謀・西郷隆盛のもとへ向かわせることで話をつける。

勝海舟は山岡鉄舟に初めて会った。三月三日の日記がある。

旗下山岡鉄太郎に逢う。一見、その人となりに感ず。同人申す旨あり。益満生を同伴して駿府へ行き、参謀西郷氏へ談ぜんと云。我是を良とし、言上を経て、其事を執せしむ。

西郷氏へ一書を託す。

（「勝海舟日記」三月三日付）

ここに記されている「益満生」とは、薩摩藩士・益満休之助のことである。西郷が命じて江戸藩邸に御用盗を組織し、江戸攪乱を行った際の総大将である。庄内藩らによる薩摩藩邸焼き打ち事件の折りに捕らえられて、小伝馬町の牢屋に入っているところを、勝が役に立つだろうと考え、自分の家で匿っていたとされる。

この益満を同伴し、勝は官軍の陣地へと向かうことになるが、これが東征軍大総督府と旧幕府との最初の交渉となる。このとき、東征軍大総督府が回避条件として山岡に示したのが、次の七か条である。

（注記）明治元年（一八六八）三月五日、東征軍大総督府が駿府に到着し、西郷は江戸総攻撃を三月十五日と決定している。

（注記）山岡鉄舟と高橋泥舟・勝海舟は「幕末の三舟」と称されている。鉄舟は「一刀正伝無刀流」の開祖。浪士組取締。明治天皇侍従。鉄舟寺は鉄舟ゆかりの寺院。清水の次郎長とは親交がある。

大総督府側が示した七か条

一　慶喜は備前藩へ御預け、恭順謹慎致すべき事

一　諸侯、慶喜の暴動を助け候者、夫々謝罪の実行相立てるべき事
一　軍艦は残らず官軍へ相渡すべき事
一　兵器は一宇に差し出すべき事
一　城内へ住居候向は、向島へ引移り申すべき事
一　居城明け渡しの事
一　玉石共焼き候御趣意には、これなく候間、同暴動致すべからず、暴動致し候者は官軍にて取り鎮め候事右謝罪実行相立ち候わば、徳川家名の儀は寛大を以って御沙汰之事

（注記）七か条は、西郷の示したものではなく、大総督府からの条件である。

当時、大総督府には静閑院宮や天璋院からの嘆願が来ていた。山岡鉄舟に突きつけた最初の七か条は、勝海舟の思惑とはかけ離れたものとなっている。にもかかわらず、「徳川家名の儀は寛大を以って御沙汰の事」としており、大総督府は寛大な条件を示したつもりでいるのである。

このとき、七か条の条件を請けて、勝と大久保は嘆願書を提出する。

（注記）会談場所は定かではないが、『氷川清話』や勝海舟の日記などから、高輪の下屋敷か田町の蔵屋敷と推定される。

勝海舟と大久保忠寛（一翁）の嘆願書

一　慶喜公は岡山藩ではなく水戸藩預かりと願いたい。

一　軍艦及び兵器は、徳川家でまとめておき、徳川家で必要な分を除いて引き渡す。

一　江戸城は明け渡すが、明け渡したら直ちに一門の田安慶頼に預けて欲しい。

一　敵対した幕臣への処分は寛大にするよう願いたい。

嘆願書を受理した西郷は、一存では決めかねるとしてさっさと総攻撃を延期し、翌朝には江戸を発って駿府の大総督府へと戻るなど、優柔不断の行動をしている。その後、裁可を仰ぐため三月二十日に京都へ赴き、同日、朝廷では総裁・議定・参与による三職会議が開かれる。持参した旧幕府側の嘆願書の内容が吟味されるが、岩倉具視は六か条の対案を示し、その結果、原案のほとんどが改められている。

徳川氏処分などの勅旨

一　慶喜去る十二月以来、天朝を欺き奉り、剰え兵力を以て皇都を犯し、連日錦旗に発砲し、重罪たるに依り、追討のため官軍差向けられ候処、段々真実恭順謹慎の意を表し謝罪申し出候につきては、祖宗以来二百余年、治国の功業少なからず、殊に水戸贈大納言（斉昭）積年勤王の志浅からず、旁以て格別深厚の思し召し在らせられ、左の条件実行相立ち候上は、寛典に処せられ、徳川家名立て下され、慶喜死罪一等宥さる間、水戸表へ退き、謹慎在るべき事

一　城明渡し、尾張藩へ相渡すべき事

一　軍艦及び武器はすべて没収。必要分は後日大総督府より下げ渡す

一　城内住居の家臣共、城外へ引退き、謹慎在るべき事

一　慶喜叛謀相助け候者、重罪たるに依り、厳科に処すべき処、格別の寛典を以て、死一等宥さる間、相当の処置いたし言上すべき事。但し、万石以上は、朝裁を以て御所置在らせるべき事

このように、勝海舟と大久保忠寛（一翁）の嘆願は功を奏さず、水戸藩お預けのみが許された格好になる。

西郷と天璋院・和宮

この経緯から、江戸城無血開城は、西郷隆盛の裁量で決したわけではないことがわかる。要点をまとめると、次のようになる。

◯西郷隆盛と勝海舟二人だけの会談ではなく、大久保忠寛も同格として列し、山岡鉄舟（鉄太郎）も同席している。

◯西郷の意向が、大総督府並びに朝議での決定に反映されていない。

◯下参謀・西郷には開城を一夜で決するだけの権限が付与されていない。下参謀の上には参謀や総督がおり、西郷自身の判断で無血開城することは困難。

江戸城総攻撃を目論む武力討幕派の西郷だが、藩内においては少数派に過ぎず、英国公使パークスの影響を無視することはできなかった。

西郷が、最も躊躇《ちゅうちょ》せざるを得なかったのは、十三代将軍家定の御台所である天璋院篤姫が輿入《こしい》れした際、西郷自身もそれに関わった経緯があったことである。その篤姫が新政府に歎願したことで、目的を貫徹する大きな壁となったのは間違いない。しかも、篤姫は西郷が生涯にわたって主君と仰ぐ島津斉彬の養女である。ただし、天璋院に対する冷血さも見える。それは、天璋院が西郷に尽力を依頼しているにもかかわらず、西郷は「如何様《いかよう》にも…」といいながら、何の働きもしなかったことである。天璋院は「其儘召に応ぜず逃げ去り候御次第、言語断長」と言い、大きな失望をみせていたことが知られる。

さらに、十四代将軍家茂の正室となった和宮（静閑院宮）の嘆願については、大久保利通に発給した西郷の書簡があるが、そこに厳しい言葉を残している。


慶喜退隠の嘆願、甚だ以って不届千万、是非切腹までには参申さず候では相済まず、（中略）然れば静閑院と申しても、矢張賊の一味と成りて

（『大西郷全集』西郷吉之助発給大久保利通宛書状）


この書簡に見られるとおり、西郷は孝明天皇の妹・和宮を名指しで、静閑院といっても所詮賊の一味に過ぎないと、過激な言い回しを使って非難している。

このように、西郷の思いは別にあった。だが、和宮（静閑院）が孝明天皇の妹であり、明治天皇の叔母に当たることを重視した大総督府は、和宮の意向を無視することはできず、江戸城総攻撃は中止され、慶喜の処分は緩いものとなったのである。

従って、江戸城開城の受け入れについては、朝議および大総督府の意向が働き、下参謀（西郷隆盛）の位では、大総督府に反することはできなかったと推察する。

結論をいうならば、「江戸城無血開城」を実現させたのは、西郷や勝ではなく、皇女和宮と東征軍大総督有栖川熾仁親王ということになる。

（注記）和宮が東征軍大総督有栖川宮熾仁親王のかつての許嫁《いいなずけ》であることも、影響した可能性が高い。

第七章　東北での光と影

庄内藩の西郷敬愛伝説

庄内藩は、江戸三田の薩摩屋敷を焼き討ちしていることから、戊辰戦争では恭順しても、薩摩軍によって重い処罰を受けるものと考えられていた。しかしながら、庄内藩は西郷によって寛大な処置を受けたとされる。この美談はこれまでの通説となっている。そこで、庄内藩降伏に至るまでの西郷の足跡をたどってみることにする。

西郷は、東京上野の彰義隊が討伐されたことから、後事を大村益次郎に任せ、京都に引き返している。その後、薩摩藩主・島津忠義とともに鹿児島へ帰国するが、明治元年(一八六八)八月、薩摩藩兵を率いて鹿児島を出航し、弟・吉二郎が戦線にいる北越へと向かうことになる。九月二日に越後柏崎港に着陣する。長岡方面では河井継之助率いる信越軍が激戦を展開していたが敗退し、新政府軍は長岡・新潟を攻略していた。この戦闘で西郷の実弟・吉二郎は亡くなる。

九月九日、松ヶ崎を出立した西郷は、会津を経て九月十四日に米沢から庄内へと向かうことになる。その間に会津では、軍監・桐野利秋に対して、西郷は講和を働きかけたかといえばそのような痕跡は見当たらない。

鶴岡では庄内兵と新政府軍との激戦が繰り返されていたが、北陸道鎮撫総督参謀・黒田清隆（了介）が庄内藩への講和の呼び掛けを逸早く進めている。それに応えて、藩主酒井忠篤は九月二十六日に恭順を決めることになる。

新政府軍庄内方面司令官を兼ねた実質のトップである黒田清隆は、菅実秀（庄内藩重臣）らとの折衝の末、人情味ある寛大な処分をしている。処分とは、「当分の間、謹慎を命ずる」とする極めて軽い処置である。十一代庄内藩主・酒井忠篤は謹慎処分に収まり、弟・忠宝が十六万七千石から十二万石となるが酒井家十二代目を継ぐのを許され、会津へ転封となる寛大さである。

翌年の六月、磐城平藩に転封とはなるが、明治三年（一八七〇）には、何と庄内藩に復帰している。

西郷が庄内（鶴岡）へ着陣したのは九月二十七日であり、すでに恭順が決定してからである。なお、二日後の九月二十九日には、あわただしく兵具方兵を黒田に預けた西郷は、さっさと東京へ帰還していることが史料に見える。二日間の間に黒田清隆から降伏条件の説明を受けた西郷は、追認したに過ぎない。

史実はその通りなのだが、庄内地方では西郷を敬愛する空気が絶えないのは不思議である。この現象の要因には、参謀・板垣退助や軍監・桐野利秋らによる会津での厳しい処分と比較して、西郷の判断が働いたものと信じた結果と思われる。

確かに、東北諸藩は会津を救うために、奥羽越列藩同盟を以って赦免歎願をしているが、新政府軍は聞き入れず、降伏の後に切腹などに処している。

庄内藩の場合には、黒田清隆によって恭順を早い段階から進めており、遅れて着陣した西郷には裁量の余地はなく、黒田参謀の降伏条件を了承しただけである。

おそらく、庄内藩の一部上級幹部らが命を救われた恩人を、明治維新の功労者となった大西郷に仮託したものと推察する。明治二十二年（一八八九）に庄内藩士によって書かれた『西郷南洲翁遺訓』により美談はさらに拡大し、今日に至ったことになる。（『明治維新という幻想』森田健司著）

庄内戦争の正史には、北陸道鎮撫総督参謀・黒田清隆によって庄内兵を恭順させた歴史的事実が見えるが、西郷が庄内藩にどのような行動をしたかは詳《つまび》らかではない。ただし、会津藩とは比較にならない寛大な処分であったのは間違いない。他の地域において、敵方に寛大さを示す黒田清隆の人間的魅力を、事跡とともに紹介しておきたい。

◇長岡戦争

新政府軍参謀・黒田清隆は柏崎から長岡藩家老河井継之助宛に、情誼を尽くし講和を求める書簡を送っているが、残念ながら本人に届かなかったとされている。

河井は小千谷の新政府軍本陣に乗り込み、慈眼寺において新政府軍監・岩村精一郎（高俊）と会談している。いわゆる「小千谷談判」であるが、その席で河井は奥羽への進攻停止を訴え、その間に会津の恭順を進めるとしたが、岩村は聴き入れず、「降伏して会津討伐の先鋒になるべし」と要請をはねつけている。

山県有朋は「会談に岩村のような小僧を出さずに、黒田が河井と顔を合わせたら戦争せずに済んだかも知れぬ」と発している。

軍監の岩村は、河井が持参した藩主の大総督府宛嘆願書さえも拒否する冷酷さをもっていた。もし黒田清隆と河井継之助との会談が実現していれば、会津を含む講和協定が結ばれた可能性は非常に高くなったのではないか。

（注記）黒田清隆は自ら率先して降伏勧告をしている事例が他の戦線でも見られるように、敵味方として考えず、大事な人材を犬死させることは、国家のマイナスと考えた人物である。つまり、西郷とは対照的な人物である。但し、酒乱の傾向があり、大きな問題を起こしたのも事実である。

◇会津戦争

会津の降伏に対して西郷自身が力を注ぐべきであったが、「敬天愛人」とは言いつつ、何もしていないことが明らかとなっている。

（注記）西郷は、会津・米沢にも赴いていることが資料には見えるが、確証は得られていない。ただし、検証が必要ではあるが、『若松城降伏開城の図』（錦絵）に、西郷の姿が見える。

会津藩降伏の図（会津若松市蔵）

それに引き替え、庄内藩では西郷に対して寛大な処分を受けたとして敬愛の念が大きい。なぜ会津では厳しい処分となったのか考えなくてはならない。

『若松城降伏開城の図』には西郷が描かれており、政府軍の軍監・桐野利秋の前で、肥後守・容保、若狭守・容喜、家老の茅野・原田・秋月らが下座して謝罪状を呈上する姿が痛々しく映る。桐野は西郷の側近であり、西郷の意向が反映して然《しか》るべきであるが、逆に考えるならば、厳しい処分の裏には、西郷の考えが反映していたともとれる。

そのことを如実に示す文献がある。それによれば、賊軍の汚名を着せられた会津藩は、鳥羽・伏見の戦いの後、慶喜と共に江戸に戻り、新政府に対して恭順の姿勢を示すが、会津に戻った容保の立場を汲み、会津藩江戸藩邸に残った会津藩公用方・広沢富次郎（安任）は、江戸へ進駐してきた西軍大総督府の参謀・西郷隆盛に和平の嘆願をしている。

西郷と富次郎は、会薩同盟の中心人物として、文久三年（一八六三）の八・一八政変では、京都から長州藩を追い出している。従って、西郷とは面識があり、恭順と和平の嘆願をするため西郷に面会を求めている。しかし、西郷は広沢との面会を拒否したうえ、有無をいわさず広沢を捕捉して獄舎に繋いでいる。

この非道さは何であろうか、寺田屋事件の後、伏見の薩摩藩邸で龍馬を庇護し、互いに笑って親密さを見せつけた文書（高知県立坂本龍馬記念館に収蔵）が最近注目されているが、不必要となれば非情な手段に出ることを立証している。

西郷が講和を拒否した理由は、戦利品を西軍への食禄として与えており、賞典禄の財源確保のため、特に会津藩を含む東北諸藩に対して、武力討伐を断固として変えようとはしなかったのである。この冷酷さは、偽らざる西郷の実像である。因みに、西郷は自らも賞典禄を臣下として最大の二千石受領している。（『近代日本の先駆者』富田仁編）

庄内藩は黒田清隆によって寛大な裁きを受けているが、会津も黒田が参謀として任じておれば、あのような悲惨な状況は回避されたのではないだろうか。

吉田松陰の門下で長州藩士・品川弥二郎は、「黒田清隆だったら、会津にしても寛大な処置を施したであろう」と述べている。わずかな歴史の狂いが、会津の運命を左右した。

実際、会津藩の処分は非常に厳しいものであった。松平容保は鳥取藩預かりとなり、禁固の刑に処せられている。家老たち三人は自刃をしており、嫡男・容大は陸奥斗南藩三万石に移され、会津藩士は下北半島の荒れ地を開拓する過酷な運命をたどることになった。

庄内藩と会津藩を比較すると、いかに新政府軍の参謀の良し悪しで藩の運命が左右されるか理解できる。

◇宮古・江差戦争

明治二年（一八六九）一月函館戦争が始まると、黒田清隆は二月に清水谷公考中将の参謀となる。三月に東京を出航して太平洋を北上し、宮古・江差などに転戦している。

五月、旧幕府軍を追い詰めた黒田は、相手方を助命するために内部工作をしている。つまり、戦争終結に向かって、新政府軍内の統一を図ったのである。

黒田清隆という人物が人情深い性格の持ち主であることは、史料を検証することで明らかであるが、酒乱の傾向にあるのが難点である。

◇函館戦争

明治二年（一八六九）五月、函館の総攻撃を前にして、自ら少数の兵を率いて背後の函館山を占拠し、敵を五稜郭に追い込み、榎本武揚に降伏を勧告するが、榎本は士官を集めて会議で拒否することになる。

ただし、榎本は、黒田の降伏勧告を察知したのか、オランダ留学時に購入した、海事に関する国際法と外交についての書物『海律全書』を届けている。

五月十六日、黒田清隆は返礼として、礼状とともに酒樽五樽と鮪《まぐろ》五尾を五稜郭に届けている。榎本は厚意の品を受け取るとともに、同日の夕刻に軍使を遣わし、返礼と翌朝七時までの休戦を申し出ている。

総攻撃の知らせが来る中で、明治二年（一八六九）五月十八日、総裁である榎本武揚は恭順の意を示し、降伏と五稜郭開城を決定している。

総裁榎本武揚は副総裁松平太郎・旧幕府軍幹部らと出頭し、新政府軍参謀黒田清隆と会見に応じている。この時、榎本は幹部の服罪と引き換えに兵士たちの寛典を歎願している。黒田は榎本の嘆願に対して、幹部のみに責任を負わせると、榎本をはじめとする有能な人材の助命が困難になることから認めず、軽い処分になる旨を伝えている。

これに対して、大村益次郎らは「反乱軍」は許しがたいことであるとし、幹部七名（榎本武揚・松平太郎・大鳥圭介・荒井郁之助・永井玄蕃・松岡磐吉・相馬主計《かずえ》）を重罪に処すべきと主張するが、黒田は榎本らを断罪とすれば国家の損失であると机を叩いたとされる。

戦後、東京辰の口牢獄に二年半投獄していた榎本の助命を強く求めるため、黒田は散髪して丸坊主となったという。明治五年（一八七二）一月六日、黒田の嘆願が功を奏し、榎本の釈放が認められている。

榎本は、幕臣として最後まで新政府に抵抗しながら、黒田清隆という人間によって救われる。後に明治政府に仕えた榎本は、明治五年三月八日、開拓使四等にて出仕。翌年には開拓中判官となり、明治七年一月十四日、海軍中将に登用される。明治八年五月七日には、駐露特命全権公使として千島樺太《からふと》交換条約に調印している。明治二十一年四月三十日付で、黒田清隆内閣の臨時農商務大臣に就任したほか、外務大臣・文部大臣・逓信《ていしん》大臣などに就き、晩年は子爵となっている。

（注記）西郷隆盛は函館戦争の応援に、藩兵半大隊と砲隊半座の総差引として、藩船三邦丸で五月一日、鹿児島港を出航。同月五日に品川に着き、十一日に政府より函館出張の許可を得て、同月十四日に品川を出航。同月十六日館山碇泊《ていはく》。同月二十五日に函館港に着くが、既に戦争は終結しており、三日後の二十八日には函館を出航し帰路につく。

（『西郷隆盛年譜』西郷南洲顕彰会発行）

西郷は函館戦争の支援のため、明治二年五月一日、藩兵半大隊と砲隊半座の総差引として、藩船三邦丸で鹿児島を出航しているが、同月五日に品川に着き、九日間滞在した後に同月十四日に品川を出航している。

函館港に着いたのは五月二十五日と随分ゆっくりした行動をとっているが、すでに戦争は五月十八日に終結しており、何のための援軍か疑問が残る。膨大な経費をかけて軍兵を移動させながら、二十八日には早々と函館を出航している。これは、庄内戦争のときも然りであるが、戊辰戦争の火付け役をしておきながら、戦争を終結させることに如何に無頓着であるかがうかがえるのである。もし、東北連合軍に官軍が負けておれば、戦争責任を問われるのは西郷自身であり、会津のように断罪されても不思議ではない。

新政府軍の中で一際目立つのは黒田清隆であるが、手紙が河井継之助に届いていたならば、黒田と河井の会談が予想され、長岡藩の中立的立場を聴き入れた黒田によって、会津の戦争も回避されたかも知れないのである。また、河井継之助という人材を救うことができておれば、明治維新において大きな貢献をしたものと推察する。

今後、東北戦線における西郷の動向を鑑《かんが》み、通説に対する再検討をすべき課題と考える。

討幕に傾斜した西郷の革命思想が、貴重な人材を次々と抹殺したことは事実であり、その事象は暗殺であり、戦争である。

庄内藩を救ったのは黒田清隆であるが、会津を亡き者にしたのは西郷と言ってよい。会津兵士たちは、降参すると下北半島の斗南に移され、過酷な運命を強いられることになる。その会津の運命を決めたのは、西郷の分身ともいえる軍監・桐野利秋である。当然、西郷は会津の処分を傍観していたわけであり、その薄情さが感じられる。龍馬は西郷のことを「強く叩けば大きく響き、馬鹿ならば大馬鹿である」と言ったが、戊辰戦争をここまで拡げたのは大馬鹿と考えてもよい。

しかも、新政府軍によって開城となると、西郷はさっさと庄内を後にして横浜から鹿児島に帰国するありさまである。

北海道函館の五稜郭へ援軍を率いて西郷は向かっているが、着いたときにはすでに決着がついた後であり、長岡の攻防戦や庄内の戦と同様に、西郷が指揮をとって講和を働きかけた痕跡は一度もない。

そもそも、この戊辰戦争は西郷によって仕掛けられたクーデターから始まり、鳥羽伏見の戦いによって東北にまで拡大したが、将軍慶喜の恭順によって江戸城は開城となり、西郷の革命的使命はそこで完結したはずである。

従って、東北にまで戊辰の火種をまき散らしたにもかかわらず、戦争の回避を求めなかった西郷の責任は重いことになる。

そのことを肝に銘じるならば、新政府軍によって攻められた庄内藩が、西郷によって寛大な処分となったというが、勝手に押し入っておきながら、後から許してあげると言ったようなものであり、押し入った時点で犯罪である。

筆者には、戦争を勃発させた西郷が、庄内の人々によって敬愛される意味がまったくわからない。庄内藩の火消し役をしたのは黒田清隆であることを、事実として認識すべき時期が来ているように思う。

会津や二本松の少年たちまでもが駆り出され、死ななくてはならなかった悲劇を考えれば、これほど大義のない戦争はないからである。


（注記）明治二年（一八六九）六月二日、函館からの帰路、浦賀に碇泊した西郷隆盛は、王政復古・東征の功から、太政官より賞典禄永世二千石を下賜される。

会津藩士と農民たちの怨念

会津には、薩摩軍と西郷に対する怨念は計り知れないものがある。『錦絵・若松城降伏開城の図』には、西郷の片腕として戊辰戦争の火付け役として、謀略の数々を任された中村半次郎こと桐野利秋が、政府軍の軍監として見える。

松平容保と養子の喜徳父子は家老の萱野権兵衛らを従え、西軍の軍監・桐野利秋の前で、謝罪状を呈上している。この桐野の席には十五尺四方の緋毛氈《ひもうせん》が敷かれているが、会津藩士らは、この日の屈辱を生涯忘れまいと、毛氈の一部を切り取って分け合ったという。これを会津藩士らは「泣血氈《きゅうけつせん》」と称している。

会津藩を朝敵としたことは、会津にとって最も屈辱的であり許せないことであった。

孝明天皇は熱烈な攘夷論者ではあるが、公武合体して幕府の手で行うべしとしており、討幕を企む公家に対しては「君側の奸」として、憎々しく思っていたのである。

そのため、会津藩兵は御所を固め、薩摩藩と連携して長州藩兵と三条実美ら急進派の公卿七人を排斥している。世にいう「七卿落ち」である。

孝明天皇は、尊攘派の公卿が追放されたことがよほど嬉しかったのか、容保に対して次のような「宸翰《しんかん》」と御製を与え、その功を称えている。まさに、この時期の会津兵は御所を護っていることから「官軍」であったわけである。

（注記）宸翰とは天皇直筆の文書。

堂上以下、疎暴の論、不正の処置増長につき痛心に堪え難く、内命を下せしところ、すみやかに領掌し、憂患掃攘、朕の存念貫徹の段、まったくその方の忠誠にて、深く感悦のあまり、右これを遣わすもの也
（孝明天皇の宸翰）

この宸翰からも、いかに孝明天皇が会津兵に厚い信頼を寄せていたかがうかがえる。従って、「薩会提携」していた薩摩から、逆賊として朝敵にされた会津兵は、屈辱的な怒りを持ち続けたのは当然である。

降伏した城内の会津藩兵は猪苗代に移動するが、薩摩軍の兵士らが口々に罵声《ばせい》を浴びせ、塩田村（現・塩川町）に収容されたとのことである。

明治元年（一八六八）九月二十三日、鶴ヶ城を明け渡し、田中土佐・神保内蔵助《くらのすけ》は城内で自刃。萱野権兵衛は切腹を命じられている。松平容保と喜徳父子は滝沢村の妙国寺に謹慎させられる。新たな領地は下北半島の未開地三万石となる。

（注記）薩摩軍の軍監・桐野利秋の前に正座したとされる郭門跡（現・甲賀町）は、現在も唯一石垣が残っている。

なお、「敬天愛人」を座右の銘とする西郷隆盛であるが、似ても似つかぬ薩摩軍の狼藉ぶり

を、柴五郎の遺書四通から読み取ることができる。

敵、城下を焼き払い城を包囲せば、町人、百姓の女まで殺す下郎どもなり、道々殺される女を見れば、百姓どもさえ、ひそかに蓆をかけて逃げかくるほどなり、芋武士奴、何をしでかすかわかり申さぬ

（注記）「芋武士奴」とは、薩摩兵士のことである。

余の日記に次のごとくしるしたるを見る。真偽いまだたしかならざれども、芋征伐仰せだされたりと聞く、めでたし、めでたし

両雄維新のさいに相謀りて武装蜂起を主張し会津を血祭りにあげたる元兇なれば、今日いかに国家の柱石なりといえども許すこと能わず、結局自らの専横、暴走の結果なりとして一片の同情も湧かず、両雄非業の最期を遂げたるを当然の帰結なりと断じて喜べり

はからずも兄弟四名、薩摩打ち懲らしてくれんと東京に集まる。まことに欣快これに

すぐるものなし。山川浩（大蔵）も陸軍中佐として熊本県八代に上陸し、薩摩の退路を絶ち、敗残の薩摩軍を日向路に追い込めたり。同郷、同藩、苦境をともにせるもの相集まりて雪辱の戦いに赴く、まことに快挙なり。千万言を費やすとも、この喜びを語りつくすこと能わず。

明治十年の西南戦争の役で西郷が自刃するが、その翌年には、大久保利通が暗殺されたことについて、柴五郎は薩摩兵を主導した西郷と大久保に対して、厳しい言葉を残した。

（注記）柴五郎は、万延元年（一八六〇）に会津藩士柴佐多蔵の五男として生まれるが、会津戦争によって祖母・母・兄嫁・姉妹が自刃し、五郎は一族共々陸奥国斗南（現・青森県むつ市）に移住している。明治六年（一八七三）三月、陸軍幼年学校に入校した五郎は、明治十年（一八七七）五月、陸軍士官学校へ進むことになる。卒業後、会津魂で目覚ましい働きをし、陸軍大将へと上りつめることになる。

柴五郎の遺書には、西郷への憎しみが見える。仇敵である西郷が今では賊軍の将、会津人として快挙であったと思われる。

西郷に対する怨念は柴五郎だけではなく、当時の会津人の総意でもある。これは、西南の役で多くの会津の人々が政府軍に志願していることからも理解できる。

座右の銘「敬天愛人」

特に、会津の武士や農民たちが怨みを深くしたのは、戦死した会津藩兵の埋葬を新政府軍が許さなかったことである。

「敬天愛人」とは、天をうやまい、人を愛するということであるが、西郷はこの言葉を好んで揮毫している。しかしながら、薩摩軍は会津藩兵の遺体の埋葬を禁じており、放置された遺体は野犬に食いちぎられ、腐乱するなど白骨化して異臭のただよう地獄絵図となった。飯盛山で自刃した白虎隊の遺体も同様である。片や占領軍は会津城下の融通寺に薩長軍墓地を設け、薩摩兵の死骸を埋葬している。

死人は万人すべて仏であり、たまたま敵味方となった運命にあるわけで、西郷が「敬天愛人」を座右の銘とするのであれば、会津兵であろうが差別する必要はないのではないだろうか。

特に会津藩は京都御所を真摯《しんし》に守護し、孝明天皇からは絶大な信頼を得たにもかかわらず最後は賊軍とされている。

それに対して磯田道史氏は、会津の農民は薩摩軍を歓迎したと明言した。果たしてそうであろうか。『会津人遺書』にはこのように述べている。

後世、史家のうちには、会津藩を封建制度護持の元兇のごとく伝え、薩長のみを救世の軍と讃え、会津戦争においては、会津の農民・町民は薩摩軍を歓迎、これに協力せりと説くものあれども、史実を誤ること甚だしきものというべし、農民・町民に加えたる乱暴の数々、全東北に及びたること多く記録あれど故意に抹殺されたるは不満に堪えざることなり

（会津人遺書）

この文書から推察すると、西郷が指示した年貢半減工作を逆手にとり、勝者である新政府軍（薩摩軍）は嘘を流したものと思われる。会津の農民が、薩摩軍を歓迎したとする偽りの歴史は、勝者となった薩摩軍によって風評されたことになる。従って、農民や町民への乱暴の事実は抹殺されている。

磯田氏はおそらく、明治維新後に遺された新政府発給の行政文書、並びに新政府が残した古文書を調査して、考えをまとめたものと類推する。

移封地となった斗南藩

会津戦争は悲劇のうちに終わり、『明治日誌』によれば、猪苗代に謹慎中であった会津兵士

は、信州の松代藩に、塩川村の兵士は越後高田藩へと収容されたが病死者が続出し、脱走して捕らえられた会津兵たちは、斬首された者も多いとされる。

陸軍大将となった柴五郎は『ある明治人の記録』において、会津兵は音羽の護国寺、神田小川町の講武所、麻布の幸田邸、一ツ橋の御搗屋《おつきや》の四か所に分けられ、捕虜として収容されていたという。

明治政府は、本州の北端である下北半島を移封地と決め、東京や越後高田に収容されていた会津兵たち四千七百人らも、新封地に移ることになる。野辺地から恐山がそびえる地は、火山灰に覆われた風雪の厳しい荒れ地で、表向きは三万石とはいえ、実高は七千五百石ほども見込めない不毛の地とされる。

新しい藩名を「斗南」と命名、定説によれば、北にある北斗星より南の土地ということである。この斗南藩に御家再興は許されたとはいえ、会津藩そのものをまとめて流刑したに過ぎず、その後、地獄のような惨憺《さんたん》たる生活を強いられたことで、会津人の心の中に憎しみは強く残ったのである。

この移封に少なくとも関与したのは、開城の際に会津征討軍の軍監であった中村半次郎（桐野利秋）である。その裏には、西郷隆盛の意向があったとみるべきである。

ただし、政府側にもすばらしい人物が存在した事例を紹介しておきたい。

一人は、野田豁通《ひろみち》である。この人物は、函館戦争では黒田清隆を軍監として補佐している。青森県初代知事として赴任。最終階級は陸軍監督総監（主計総監）となり、教え子として後藤新平や斎藤実を輩出する。

柴五郎は幼くして斗南での悲惨な生活を味わうが、明治四年（一八七一）に、青森県給仕に採用され、このときの野田豁通との縁によって上京することが叶い、野田がもちかけた陸軍幼年学校の試験に挑戦し見事合格したことで、その後、陸軍大将にまで上りつめることになる。もし、恩人である野田の進言がなければ、人生のレールは違っていたと柴は回想している。その反面、西郷隆盛に対しては前述したように、怨念ともとれる厳しい言葉を残している。

もう一人は、北海道開拓使長官・黒田清隆である。

山川大蔵一家は斗南藩に移住を決めるが、家族にとって苦しい茨の道であった。当時、北海道開拓使次官であった黒田清隆が、将来の人材養成の必要から、外国留学の女子を推挙することになり、会津藩士の娘であった斗南藩の山川大蔵の末妹・咲子を推挙している。おそらく、過激な討幕派の人物であれば、斗南藩と聴いただけで除外したであろう。

アメリカ渡航にあたり、家人は咲子を捨松と改名している。前途多難を考えて、捨てたつもりで待ったようである。ヴァーサーカレッジに入学した捨松は、優秀な成績で卒業すると、十一年ぶりに祖国日本へ帰国の途に着いている。

日本最初の女子海外留学生として、学識と語学の堪能が認められ、鹿鳴館時代の花形として活躍する。明治十六年、先妻を失っていた陸軍大臣・大山巌と結婚。明治の社交界で華やかに活躍している。夫の大山巌は、皮肉にも戊辰戦争では会津鶴ヶ城に大砲を撃ち込んだ薩摩軍第二番砲隊長であった。しかしながら、黒田清隆の敵味方の区別なく推したことによって、戊辰戦争の負け組の一族が幸せを掴んだことは確かであり喜ぶべきことである。

黒田清隆は、函館戦争では榎本武揚の減刑を嘆願して救っているが、明治三十三年（一九〇〇）に黒田が死去すると、榎本は旧幕臣ながら葬儀委員長を引き受けている。

第八章　国事からの逃避

国事を置き去りにした真意

明治元年十一月、庄内藩の降伏を受け入れた西郷は、目的を達したのか、未練がないのか、多くの尊い人命を奪い、新政権樹立の実効性をあげることなく、さっさと鹿児島へ帰還している。西郷隆盛といえば薩摩藩討幕派のリーダーでもある。本来ならば、「新政権樹立」の立役者として政権に関与し、実行すべき使命があって当然である。

それに引き替え、龍馬はただの脱藩者に過ぎず、権力をもたない一介の浪人でしかなかった。その龍馬が、日本の行く末を按じ、捨て身で国事を想い、新政府の財政や人事案にまで心血を注いだことは驚きである。

西郷がなしたのは、江戸の町で無差別テロを展開させたことであるが、あまりにも下劣であった。挙げ句は悲惨な戦争を勃発させたことである。その張本人として、多くの人命を失わせた罪は重いものがある。

明治元年から四年までの間、西郷は鹿児島に引き込んで療養と温泉巡りをしていたのだが、その間の明治政府は、海のものとも山のものともつかないまま、多くの課題を抱えていた。

大政奉還によって将軍慶喜が政権を天皇に移譲したにもかかわらず、強引に進めた武力での討幕行動により、無駄な戦費がかさむことになる。

具体的には、戊辰戦争での戦費を補うために、太政官札という不換紙幣乱発を余儀なくされ、鴻池《こうのいけ》・三井・住友などの大商人から資金を捻出したが、その付けで財政赤字を抱えることになる。このことはあまり知られていないが、西郷ら討幕過激派が遺した付けと言っても過言ではない。

新政府は膨大な赤字を抱えての船出となり、そのために財政改革を進める必要があった。それに伴い、殖産興業の推進は待ったなしとなる。しかも、富国強兵策を推進するためには、行財政改革が必要となり、地方自治組織である藩を解体し、財源を全国規模に拡大する必要があった。つまり、中央集権国家を目指すことになる。

すなわち、外交問題、殖産興業の推進、行政組織の改革、不平等条約の改正、交通網の整備、西洋文明の導入、首都の選択、教育機関の充実、陸海軍の創設など、多岐にわたって改革する必要に迫られていたのである。

西郷が鹿児島に帰還して一年余り過ぎた明治二年（一八六九）二月、指導者であるべき木戸孝允（桂小五郎）や松平春嶽（慶永）、三条実美らは、手に負えなくなった政府の現況を嘆いている。

・木戸孝允（明治二年二月一日付）

旧幕の時より嬌気が増長し、昼間から酒を呑み、煙草を喫い、使命感などはまったく吹き飛び、信念を以って朝廷に申し立てることや、御一新の主意など甚だ薄れ、民を思うことなど夢にも思わず、只管、利己主義に走っているに過ぎない
・三条実美（明治二年二月）
有能・適材の人物は職に就いておらず、屑ばかりが任じており、気力もなく、ひたすらたばこを喫い、酒を呑み、凡解土崩これ保ちがたきと嘆く候
・松平春嶽（明治二年二月）
一日中、座禅やたばこに耽り、酒に浸かり、足を投げ出してあくびをするなど異様な雰囲気を漂わせ、机に両足を乗せて居眠りする者多く、愕然の外これなく候

明治新政府に関与した元勲らが言っていることに違和感があるが、これが、討幕後の官の実態である。有能な幕臣によって一歩一歩進められてきた開国政策に対して、攘夷を唱えて討幕を果たした彼らであるが、政権への信念すらなく、どこまで能力があるのかわからない輩が、政権の中枢に居座っても、ろくな政治ができるはずもない。このように、明治新政府は惨憺たる状況でスタートしていた。

廃藩置県案に傾く

明治四年（一八七一）十一月十二日、明治維新を主導した人物がこぞって海外視察という暴挙に出ている。すでに維新から四年も経つのに政権の骨子が固まっていないことに驚く。

本来ならば、明治維新を迎えた時点で制度を一新すべきであるが、明治二年（一八六九）六月十七日に施行された「版籍奉還」にしても、薩摩や長州の発案ではなく、徳川譜代姫路藩主・酒井忠邦の献策によるものであった。いかに明治政府が人材不足であったかを如実に示している。

この「版籍奉還」は、二百七十四の藩が封土（版）と領民（籍）を天皇に返すことであるが、藩主は「知藩事」（藩知事）となることから、実際には首長として何も変わらない。藩士についても、天皇の家臣となるが徳川時代と同様に俸禄がなくなるわけではない。

このように、戊辰戦争で東北諸藩を散々痛めつけて勝ち取った新政権ではあるが、幕政と何ら変わらない状態で二年が経過している。

この状況を見かねた元海援隊士・陸奥宗光は、同年七月、「廃藩置県」の意見書を提出するが採用されず、下野して紀州藩の藩政改革に参画する。

「廃藩置県」の実現には紆余曲折しながらも、中央集権国家の樹立を目指していたのは間違いない。その中でも「廃藩置県」において急進的であったのが木戸孝允である。

大久保利通は、鹿児島に引っ込んでいる盟友の西郷を出仕させるため、天皇の勅使として、岩倉具視・山県有朋・河村純義とともに鹿児島へと向かっている。そして十二月十九日に西郷と会い、「御親兵設置構想」を伝え、士族を中心とした軍備増強計画を示すことで、出仕に同意をとりつけている。

明治四年（一八七一）一月、上京した西郷は直ちに富国強兵策に乗り出そうとするが、大蔵官僚や木戸孝允・大隈重信らによって遮られ、対立は避けられなくなる。

大久保は派閥を優位にする背景から、西郷が強烈に訴えて来た富国強兵策の後押しをするために、六月二十五日に大幅な政府人事に乗り出し、参議は西郷と木戸の二人に絞り、大蔵卿に自ら就くことで、大隈らを締め出している。

大久保が有利な環境づくりをしたことで、西郷は「廃藩置県」に否定的であったが、結局は賛同することになる。

これを知った島津久光は「不恩の臣」と罵《ののし》り、真冬であったが、夜空に花火を打ち上げさせ憂さを晴らしたという。この辺にも、西郷の優柔不断さが見える。

（注記）明治四年（一八七一）七月九日、西郷は大久保利通・西郷従道・大山巌・木戸孝允・井上馨・山県有朋ら七名と木戸邸で密談をする。その結果、「廃藩置県案」は三条実美・岩倉具視・

板垣退助らの賛同を得る。

「廃藩置県」布告

明治四年七月十四日、「知藩事」を皇居大広間に集めて「廃藩置県」の詔書が三条実美によって読み上げられた。「廃藩置県」以後は、新政府が任命した県令が地方政治を担うことになり、これまでの知藩事は地位を失うことになる。午前中に参集した知藩事は以下の通りである。

○鹿児島知藩事・島津忠義
○山口知藩事・毛利元徳
○佐賀知藩事・鍋島直大
○高知知藩事・山内豊範の代理として板垣退助
○名古屋知藩事・徳川慶勝
○熊本知藩事・細川護久
○鳥取知藩事・池田慶徳

以上の知藩事に詔勅が宣せられ、午後には在京した五十六藩の「知藩事」が招集され詔書が下っている。

この「廃藩置県」によって、討幕派として新政府に貢献した勝ち組の士族たちや負け組の士族は、等しく主君や領地を失い、経済基盤である俸禄がなくなり、多くの武士が失業することになる。

何のための明治維新であったか、近代史における謎の部分を解くならば、政治的理念のない討幕行動によって、明治維新という不透明な時代に突入したことになる。この「廃藩置県」によって全国の「知藩事」たちは抵抗したのか検討してみたい。

領主としての権限を奪われた「知藩事」たちの中に意義を唱える者がいないのも不思議であるが、それなりの理由があることに気づく。その一つとして、「知藩事」の職を失うが特権的身分が保障されていることと、十分過ぎるほどの経済的保障が担保されていたことである。

特に、奥羽越列藩に属した東北諸藩は、戊辰戦争によって処替えをさせられ、南部藩は盛岡から白石への転封中止の見返りとして多額の献金を命じられ、財政が破綻したことから、すでに明治三年には廃藩を申し出ている。全国的にも、藩財政が破綻している大名は少なくなかった。群馬県の吉井藩などもその一例である。

四年後の海外視察

「尊皇攘夷」を念仏のように唱えていた明治の元勲たちだが、それは幕府を倒す口実でしかなく、幕政の路線に追随したにすぎない。

新政権が発足して四年目となった明治四年、岩倉使節団は欧米視察のため海外へ旅立つことになるが、「廃藩置県」が施行されて間もないことから、士族の叛乱が予想される中での海外視察である。しかも、膨大な歳費を使って、一年十か月という長旅となったことは、無責任というより滑稽《こっけい》というしかない。

開国を推進した徳川の幕臣たちの方が有能であり、すでに世界を見聞し実績をあげていることからも、何のための維新なのかわからない。もっとも、明治初期には明治維新とはいわず、「御一新」と称したとされている。

安政期から列強との交易を推し進めるため、幕府は開港に踏み切るが、幕臣たちはすでに海外視察と近代化を推し進めていた。その中でも、勘定奉行・軍艦奉行・陸軍奉行・歩兵奉行・海軍奉行・外国奉行などを歴任したスペシャリストである小栗忠順は、幕府随一の切れ者といわれ、万延元年（一八六〇）、日米修好通商条約の批准書交換のためアメリカに渡り、ニューヨークやワシントンのメーンストリートのビル群から歓迎の紙吹雪を浴びている。その風景を見ると、小栗はどのように感じたか、さまざまな推察がつくのである。

帰路では大西洋航路を通り、ヨーロッパ各国を視察して帰国している。他にも、村垣範正・新見正興・森田清行・成瀬正典・塚原正義・福沢諭吉など幕臣たちは世界を見聞済みであり、早い段階から近代化を急いでいたのである。

その頃、明治の元勲と称される西郷らは、尊皇攘夷に明け暮れ、武力での討幕を進めるために謀議を重ねていたのが実態である。

小栗忠順は特に近代化を急ぐため、横須賀に製鉄所を開設し、海外との交易を盛んに推し進めるため、兵庫商社を設立している。この商社は日本最初の株式会社である。明治新政府は、幕臣が渡米して十一年後の明治四年（一八七一）、冬眠から目を覚ましたかのように、岩倉使節団が欧米視察に出かけることになる。

岩倉使節団の陣容（明治四年十一月から明治六年九月まで）
正使（特命全権大使）　岩倉具視（右大臣）
副使　木戸孝允（参議・元長州藩士）
大久保利通（大蔵卿・元薩摩藩士）
伊藤博文（工部大輔・元長州藩士）

以下

山口尚芳（外務少輔）
山田顕義（陸軍少将）
東久世通禧（侍従長）
佐々木高行（司法大輔・元土佐藩士）
田中光顕（元陸援隊長・元土佐藩士）
田中不二麿（文部大丞）
肥田浜五郎（造船頭）

他に一等書記官・二等書記官・三等書記官を合わせると総勢四十六名による長期の大名旅行であった。目を疑いたくなるが、膨大な経費を費やしていたことがわかる。現在では、政権の中枢が一年十か月も留守にするなど有り得ないことであるが、のんびりしたものである。特に、明治政府の財政状況は緊迫しており、重税による農民の暴動が多発していた時期でもあった。しかも、一揆を主導した者たちは死罪に処されている。その中で、遅れに遅れての海外視察であった。

征韓論者・西郷

明治四年(一八七一)の「廃藩置県」の執行により、俸禄制度が廃止となり、失業した士族たちが各地で反乱を勃発するが、その捌《は》け口《ぐち》として、西郷は富国強兵策を念頭に「征韓論」を主張することになる。だが、西郷の行動には矛盾があり、明治四年の「廃藩置県」の密議に参加していた事実がある。

明治六年(一八七三)九月十三日、大久保利通・木戸孝允・岩倉具視・山口尚芳らが一年十か月の視察を終えて帰国する。しかし、国内情勢は士族を中心に不穏な事態が続き、留守組の西郷らを中心として征韓論争は一段と激しさが増すことになる。外遊組は欧米での成果を政治に反映するため、征韓論どころではなかった。

明治六年八月十七日、留守組が主催する閣議において、西郷の朝鮮派遣が承認されたことで、中央政府は朝鮮に国交を求める親書を送ることになる。しかし、朝鮮は親書をかたくなに拒否している。

相手国が拒否するなかで、西郷は朝鮮への特使派遣を推し進めることになり、それに賛同したのは土佐藩の板垣退助、後藤象二郎、肥前の江藤新平、副島種臣らである。

これに対して、岩倉具視、薩摩の大久保利通・長州の木戸孝允、肥前の大木喬任、大隈重信は反対に回っている。当時の指導者たちの多くが征韓論者であったが、政権基盤が安定しておらず、海外出兵どころではなかったのである。

長州藩出身の井上馨は不正事件で追放され、山県有朋も公金流用事件で窮地に立たされるなど、留守組の主導で、朝鮮への特使派遣が実現するかに見えたが、危機感をもった長州閥の木戸孝允・大隈重信らは、独断で特使派遣中止を天皇に上奏し、裁可を得ることに成功する。そのため、閣議で了承されたにもかかわらず、勅命によって却下されることになる。

この「征韓論」を西郷はどのような考えで主張したのか、また、本当に征韓論者なのかを検証してみたい。当時の為政者は多かれ少なかれ「征韓論者」であるのは間違いなく、現代の平和主義的感覚からするならば大きなズレがある。

つまり、幕末においては、暗殺は日常茶飯事のことであり、明治になってもその傾向がある。従って、他国を侵略する事への理性心などは随分軽薄であった時代である。

西郷も当然「征韓論者」であり、最初から海外派兵は露骨なことから、自ら死ぬ覚悟で特使として赴く覚悟であったと思われる。なぜ死を覚悟までする必要性があったかといえば、自ら「廃藩置県」に関わり、不平士族を生んだ責任の重さから一命を捧げる覚悟ができていたようにも見える。明治六年（一八七三）に西郷が板垣退助に出した書簡九通のうち、七月二十九日付の書状からそのことを読み取ることができる。

先日は遠方迄御来訪被成下厚御礼申上候、扨朝鮮の一条副島氏も帰着相成候て御決議相成候哉。若し未だ御評議無之候はば、何日には押て参朝可致旨御相達成候はば、病を侵、可仕候間、御含被下度奉願候。弥御評決相成候はば、兵隊を先に御遣し相成候儀は如何に御座候哉。

兵隊を御繰込相成候はば必被方よりは引揚候様申立候には相違無之、其節は此方より不引取旨答候はば、此より兵端を開き候はん。左候はば初よりの御趣意とは大に相変し、戦を醸成候場に相当たり可申哉と思考仕候間、断然使節を先に被差立候方御宣敷は有之間敷哉。左候得ば決て被より暴挙の事は差見得候に付、可討の名も確かに相立候事と奉存候。

兵隊を先に繰込候訳に相成候はば、樺太の如きは、最早兵隊を以保護を備、度々暴挙も有之候事故、朝鮮よりは先に保護の兵を御繰込可相成と相考申候間、旁往先の処故障出来候はん。夫よりは公然と使節を被差同候はば暴殺は可致儀と被相察候付、何卒私を御遣被下候処、伏して奉願候。副島君の如き立派の使節は出来不申候得共、死する位の事は相調可申かと奉存候間、宣敷奉希候。此旨略義以書中奉得御意候。頓首。

七月二十九日

追啓、御評議の節、御呼立被下候節は、何卒前日に御達し被下度、決して他出相調申候間、是又御含置可被下候。
西郷　拝
板垣　様
（西郷隆盛書簡・明治六年七月二十九日付）

この書簡で注目すべきは次の記述にある。

断然使節を先に被差立候方御宣敷は有之間敷哉。左候得ば決て彼より暴挙の事は差見得候に付、可討の名も確かに相立候事と存候

使節を先に送るべきであるとし、そうすれば朝鮮国は暴挙に出ると思うので討つ（戦争をする）大義名分となるとしている。

このように、西郷の書簡からは武力によって開国を迫る考えが見えてくる。公然と朝鮮に使節を差し向けさせてもらえれば、暴殺されるかも知れないが、死ぬぐらいのことはできると記している。

また「副島君の如き立派の使節は出来不申候得共、死する位の事は相調可申かと奉存候間」

と述べ、副島君のような立派な使節とはなれないが、死ぬことくらいはできるとしている。西郷という人物はあくまで武士に徹していたように思われる。鍋島藩の『葉隠』に書かれている「武士道と云ふは、死ぬ事と見つけたり」の一節は、実際に太平洋戦争では特攻隊・玉砕・自決の際にも使われた言葉であり、西郷もその境地にあったものと考えられる。

西郷自筆の書簡から見えるのは、「征韓論者」であることと、討幕行動と同様に、朝鮮を武力で開国させようという強硬論者であったことである。革命家として身を犠牲にする覚悟もうかがえる。しかし、前述したように「征韓論」に敗れ、板垣らとともに中央政府に辞表を提出し、西郷は鹿児島に帰還することになる。

西郷王国の様相

明治六年（一八七三）の政変に敗れた西郷は、故郷である薩摩に帰国し、翌年には鹿児島県全域に軍人養成機関である私学校を創設している。富国強兵策の一貫として、強固な軍隊を組織するためであった。

鹿児島県令・大山綱良は西郷に協力するため、中央政府に租税を納めることをせず、私学校に援助をすることになる。結果的に、大山の協力を得た西郷は薩摩を独立国家にしようとしていった。

西郷の側近である桐野利秋は、地租改正を行わず、中央政府の命令に従おうとしなかった。また、中央政府が使用する太陽暦を無視したことは、その存在を否定したのに等しいことから、明治政府から独立した「西郷王国」の様相さえみせる。西郷の構想の中では、沖縄を含めた九州一円を中央政府と切り離し、独立国家として見すえていたようにも考えられる。

明治九年十月に熊本で太田黒伴雄をリーダーとする「神風連の乱」が、中央政府に対する不満から勃発しており、同月二十七日には、福岡でも宮崎車之助が「秋月の乱」を起こしている。翌月には長州のお膝元で「萩の乱」が起こり、首謀者は明治政府の参与を辞した前原一誠であった。それらの不平士族を統合した九州統一国家を模索したものと考えることができる。

反乱の要因は、中央政府に対する士族の不満が爆発したものであるが、具体的には明治九年（一八七六）三月に発令された「廃刀令」や同年八月に決めた「俸禄制度の全廃」があげられる。

しかしながら、士族の反乱は、西郷が起こした戊辰戦争の終結によって起きた政治的反動の一端と考えることができる。しかも、反乱の要因となった「廃藩置県」に西郷自身が関与している。筆者は西郷に大きな責任がある、と考える。

大政奉還した幕府をつぶすために血を流した討幕行動から、今度は樺太や朝鮮・台湾などの海外派兵（征韓論）へと舵を切るなど、四国の板垣らと手を結び、全国の不満分子を取り込んで中央政府を脅かす革命家の顔に戻ったと思われる。士族を集めて「銃隊学校」や「砲隊学校」などの私設軍隊の増設に邁進《まいしん》している事実がそのことを裏づける。

新政府の大久保利通は、「西郷王国」という例外を許すわけにはいかず、明治九年十二月、政府の密偵を鹿児島に潜伏させている。私学校の関係者が密偵を捕捉したところ、潜入の目的が西郷の暗殺にあることを自白する。

独立国家構想の夢

政府が鹿児島に貯蔵する武器・弾薬を大阪に運ぼうとしたところ、私学校生が暴発する。明治十年一月二十九日、政府の貯蔵施設を私学生が襲撃し、武器・弾薬を奪い取る事件が発生する。この行為は明らかに中央政府への反逆行為となり、西郷はこのとき、私学校幹部たちに自らの命を預ける覚悟を決めている。つまり、不平士族の頭として挙兵の決意を固めることになる。

明治十年（一八七七）二月十五日、鹿児島県令の大山綱良は、西郷軍に官金を提供するなど全面的に支援している。

二十二日、一万三千の兵を従えて熊本城下に到着した西郷は、土佐藩出身で気心の通じている谷干城(守部)が熊本鎮台指令長官であることから、城の明け渡しを要求するが、谷は拒否することになる。

西郷は、参議を辞任して鹿児島に帰っているが、海軍も含めた陸軍大将の地位にはとどまりつづけていた。中央政府に大将はおらず、名目的には陸海軍を統率する身分にあったことになる。そのため、薩摩の軍を率いて来れば、何人も拒むはずはないと考えていた節がある。

(注記)谷は西郷と入魂の間柄であり、薩摩の吉井幸輔らとともに京都小松邸で、「薩土盟約」を結んだときのメンバーである。明治七年五月から十二月の台湾出兵では、西郷の弟で陸軍中将・西郷従道に従って参戦している。西南戦争の功績により、陸軍中将に昇進し陸軍士官学校長となる。

熊本鎮台司令長官谷干城から城の明け渡しを拒否された西郷軍は、熊本城の攻略に着手する。しかしこの城は加藤清正が築城した牙城で、崩すのは容易ではなく、長期戦となった。政府軍は福岡方面から援軍を続々と向かわせたことで、三月に入ると熊本城北の田原坂で激突し、両軍は二十日間近くにわたって壮烈な陣地戦を展開している。この激戦には、西郷によって痛めつけられた会津の兵士たちも、政府軍の一員として参戦している。

天王山となったこの激戦に西郷軍は敗れ、坂道をころげるように敗退する。四月二十八日には、二面作戦により、鹿児島湾から政府軍の上陸作戦が実施されている。

この鹿児島上陸作戦を提案したのは、木戸孝允である。木戸は、大久保の独裁体制が固まると、政治家としての精彩を失くし、病に侵されて五月二十六日に、京都で病死している。死の直前、「西郷よ、大概にしないか」と叫んだという。

政府軍に追い詰められた西郷軍は、宮崎日向北方の長井村（現・宮崎県東臼杵郡北川町大字長井）で軍を解くことになる。もし、西郷の思惑どおり、谷が西郷に寝返っておれば、九州全体を掌握することも可能となり、正しく独立国家構想も実現できた可能性もあった。

（注記）この熊本鎮台は、西郷が提案したものである。廃藩置県に反対する諸大名が武力行動に出ることを想定して、迅速に鎮圧できるようにするため、東西に鎮台を置くことを決めている。

明治十年（一八七七）九月二十四日、側近らと逃げ延びる途中で、流れ弾が西郷の肩と右太ももに当たった。もはやこれまでと悟った西郷は、城山で別府晋介に介錯を頼み、最期を遂げている。四十九歳であった。

第九章　賊から維新三傑へ

西郷が銅像になった理由

明治三十一年（一八九八）十二月、戊辰戦争の悲惨な戦場となった東京上野に、西南戦争で賊となった西郷隆盛の銅像が建立されている。除幕式の参列者は八百人とされ、出席者には、英国公使のアーネスト・サトウや当時の内閣総理大臣・山県有朋以下各大臣も参列している。

特に山県は、西南戦争においては西郷軍討伐の総指揮官であった人物。これら敵方の人物が、賊となった西郷の銅像建立に参画したことを、当時の欧米人は理解できなかったようである。

確かに明治から現在に至る百二十年間、「上野の西郷さん」として親しまれてきたが、それに疑問をもつ人は少ないはずである。それは、歴史教科書によって偉い人として教育されているからである。

しかし一方では、当時、旧幕府方として最後まで戦った東北の諸藩のように、西郷らによって苦しめられた現実がある。旧幕臣および親幕府方として参戦した武士や、戊辰の役で田畑を荒らされ、住居を焼かれた庶民・農民にとっては、官に対する怒りや不満は消えるものではなかった。当時の政治権力に逆らうことはできず、耐え忍んだという現実がある。

当時の啓蒙思想家である福沢諭吉は、西郷の罪悪についてこう述べている。

乱の原因を枚挙してその原因は政府の方に在りと雖も、余輩は西郷がことを挙げたるを似て如何にも正理に適したるものと云うに非ず　（福沢諭吉文書　一）

福沢は、西郷が起こしたクーデターは正義の戦ではないと論じている。さらに、厳しい文書を紹介したい。

西郷は生涯に政府の顛覆を企たること二度にして、初には成りて後には敗したる者なり。初度の顛覆に於いては最も残酷を極め、第一政府の主人を廃して之を幽閉し、故典旧物を愛惜する所なく、その官員を放逐し、その官位を削ぎ、その食禄を奪い、兄弟妻子を離散せしめてその流浪饑寒を顧みず　（福沢諭吉文書　二）

以上のように、西郷は戊辰の役と西南の役の二度にわたる戦争を主導するが、中でも、戊辰の役では惨忍を極めている。

西郷は明治四年の廃藩置県の施行に参画しているが、味方として戦った官兵の俸禄を削ぎ、離散・流浪という悲惨な状況に追いやったのも事実である。

生前の坂本龍馬は、西郷に会った時の印象を勝海舟に述べている。

西郷という奴は、わからぬ奴だ。少しく叩けば小さく響き、大きく叩けば大きく響く、もし馬鹿なら大きな馬鹿で、利口なら大きな利口だろうと云う。坂本もなかなか鑑識のある奴だよ

（『氷川清話』）

当時の世相は、官軍びいきではないはずだが、西郷の犯した実相を遮断するように、権力者側によって勝ち組の論理がすべてを優先したことになる。つまり「勝てば官軍」なのである。その象徴が東京上野公園にある西郷の銅像ではないかと推察する。西南戦争で賊となった西郷だが、この戦で戦死した数は、新政府軍六千二百七十六人。負傷者九千五百二十三人。西郷軍の死傷者は一万五千人とされ、戦後に斬首刑に処せられた者は二十二人である。

「敬天愛人」を好む西郷が、このような無残な戦争を回避できなかったのはなぜだろう。また、明治新政府によってなぜ「逆徒」を許されたか。さらに、銅像が建立される運びとなったのはなぜなのだろうか。

当初、西郷像を皇居内に建造する計画が浮上したが、高山某ら多くの政治家が根強い反対をしたことでお流れとなっている。また、陸軍大将であったことから、馬上に乗った軍服姿の雛型までできあがったが、旧幕府方として戊辰戦争で戦った東北諸藩の役人からも、大将服姿の像に猛烈な反対が起こり、現在の浴衣姿に落ち着いたとされている。つまり、人畜無

害な人物というイメージを民衆に定着させる政治的意図が働いたと見られる。
明治十一年（一八七八）、岩村吉太郎著述の『皇国三傑伝』に西郷隆盛・大久保利通・木戸孝允が「維新の三傑」として表記されている。この三名は薩摩藩二人・長州藩一人である。この薩長中心の歴史認識は、明治以降正史として今日の教科書においても生き続けている。
明治新政府が誕生すると、西郷はさっさと鹿児島に帰り「西南戦争」を引き起こした。西郷の通った道はまさに戦争だらけである。司馬遼太郎はこのように言っている。

明治維新は、士族による革命でした。多くの武士が死にました。この歴史劇を進行するために支払われた莫大な経費（軍事費）や、政略のための費用はすべて諸大名が自腹を切ってのことでした。そのお返しが、領地とりあげ、武士はすべて失業、という「廃藩置県」になったのです。なんのための明治維新だったたか、かれらは想ったでしょう。大名、士族といっても、倒幕をやった薩長をはじめいくつかの藩、もしかれらだけが勝利者としての座に残り、他は平民におとすというのなら、まだわかりやすいのです。しかし、事実は、勝利者も敗者も、ともに荒海にとびこむように平等に失業するというのが、この明治四年の「廃藩置県」という革命でした。えらいことでした。

（司馬遼太郎『「明治」という国家』）

東京都台東区の上野公園に建立されている「西郷像」は高村光雲の作である。

明治二十二年（一八八九）の大日本帝国憲法発布に伴う大赦により、西南戦争での「逆徒」の汚名が解かれたことで、盟友の吉井友実（幸輔）らが中心となって銅像建設の計画が進むことになる。

西郷の死後、二十一年が経過した明治三十一年（一八九八）十二月十八日、上野公園で「西郷隆盛像」の盛大な除幕式が行われたが、参列した西郷の妻・いとは、義弟の西郷従道にこのように述べている。

西郷隆盛肖像画
（国立国会図書館ウェブサイト「近代日本人の肖像」より転載）

「うちの人は、こげんな人ではなかった。たとえ私学校の若い人が訪ねても、袴をつけて会う人です。あんな不作法な姿では、見て下さる方に申し訳ない」

西郷は単なる写真嫌いではない。残虐なテロ行為も計画するなど、相手から狙われる可能性が非常に高いことから、顔が割れないよう注意していた。現在、西郷の実像を撮った写真は一枚も残されていないとされる。

あとがき

本書では、教科書通りに「明治維新」という言葉を使用することにしたが、本来、明治の初期には「維新」という言葉は存在していない。明治天皇の即位により、元号は「明治」となるが、「維新」と表記された文字は、詔勅・御誓文・太政官布告・御沙汰・御達し等の公文書からは、発見することは不可能である。おそらく、幕末が遠ざかった明治の中期頃になり、伊藤博文や山県有朋によって語呂の良い言葉として、「維新」の名が「薩長史観」に基づくさまざまな出来事を総称する言葉として引用されたものと考えられる。

しかし、幕末から明治という時代背景を検証すると、果たして「維新」が明治国家に相応しい言葉なのか疑問である。

なぜならば、尊皇佐幕の開明派が「賊軍」の汚名を着せられ、攘夷派が「官軍」となっただけでなく、明治国家が執った政策は、攘夷ではなく、旧幕府の行った開国政策を追随したに過ぎないからである。従って、「維新」どころか旧幕府の政策を容認したというのが筆者の基本的な認識である。

幕府が西洋列強と結んだ修好条約はすべて容認し、神戸開港などは、攘夷派が真っ向から反対していたはずであるが、慶応三年十二月七日には開港に踏み切っている。王政復古の二日前である。

最近では『明治維新の正体』（鈴木荘一著）・『明治維新という過ち』（原田伊織著）などの諸本が続々と刊行されているように、明治という国家像に疑問を投げかける著作がつづいている。

討幕政府によって、日本は富国強兵策のもとで海外での戦争に明け暮れることになる。一方、徳川幕府は家康によって戦国の世に終止符をうち、二百六十四年間にわたって世界に類のない平和国家を築いた。戦乱期を体験した家康は、下剋上（乱世期）の反省から大藩（外様大名）には権力をもたせない制度を確立している。その後、江戸期を通じて町奉行や、司法・警察を担当する老中などの幕閣制度によって、庶民の治安は保たれていた。このことからすれば、討幕派による明治国家の出現は、国を危うくした以外の何ものでもないともいえる。

幕末期において、劣化した幕政を改めるため、すでに有能な幕臣たちは動き出していた。その一例が、勘定奉行・小栗忠順の兵庫商社の開設である。小栗は日米修好通商条約批准書交換のため、米艦・ポーハタン号でアメリカに渡り、ヨーロッパ各地を視察して帰港している。龍馬はその事を当然承知しており、永井尚志や大久保忠寛（一翁）などと接触し、大政奉還の先に、理想とする国家像が見えていた。当然、中央集権国家ではなく、地方においても有能な人材を配置し、地方自治を確立させ、薩長討幕派に限定しない政権を目指したものと考えられる。

龍馬が暗殺されて百数十年も経つのに、未だ、日本国民に慕われるのはなぜだろう。それは保身がなく、組織や圧力に屈することなく、正々堂々と正義のためにひたすら信念を燃やし、根っからの自由人であったからではないだろうか。若者から見ればヒーローとなったわけである。今の政治家は、龍馬のようにかっこよく政治と向き合っていただきたいと願う限りである。

龍馬は暗殺されずにおれば、大政奉還にしたがって戦争を回避する行動に出たと考えられる。世界の海援隊を創設し、岩崎弥太郎のように、日本が誇る代表的経済人になったものと確信している。

明治新政府の失態は、富国強兵策を進めたことであるが、富国と強兵は相反するものであり、昭和二十年の終戦を迎えるまで、明治新政府発足以来、日本は経済的には三流国家に低迷していたのである。何故かといえば、明治以来からの軍事政権を維持してきたからである。

安政六年に横浜が開港し、生糸の直取引が開始されるや、安くて良質な日本の生糸は世界に輸出され、莫大な外貨を獲得することになる。しかし、一向に日本は豊かにならなかった。その要因は、稼いだ外貨が底の抜けた器に水を注ぐように軍事費に投入されたからである。これは、明治政府の為した負の遺産である。

参考文献

『相楽総三とその同志』（長谷川伸著・中央公論発行）
『西郷隆盛伝説』（佐高信著・角川学芸出版発行）
『西郷隆盛伝説虚実』（安藤優一郎著・日本経済新聞出版社発行）
『西南戦争と西郷隆盛』（落合弘樹著・吉川弘文館発行）
『新編・庄内人名辞典』（庄内人名辞典刊行会発行）
『西郷隆盛と士族』（落合弘樹著・吉川弘文館発行）
『維新史』（維新史料編纂会編・文部省発行）
『大西郷という虚像』（原田伊織著・悟空出版発行）
『函館市史』（通史編第二巻）
『相楽総三とその同志』（長谷川伸著・講談社発行）
『真説・龍馬暗殺その後』（大野富次著・叢文社発行）
『西郷「征韓論」の真相』（川道麟太郎著・勉誠出版発行）
『杉文と楫取素彦の生涯』（大野富次著・宝島社発行）
『西郷隆盛と維新の謎』（堀和久著・日本文芸社発行）
『大西郷全集・第一巻・第二巻・第三巻』（大西郷全集刊行会著・平凡社発行）
『松陰の妹二人を愛した名県令・楫取素彦』（大野富次著・日刊工業新聞社発行）
『龍馬暗殺の謎』（木村幸比古著・ＰＨＰ研究所発行）

『龍馬暗殺完全検証』（別冊歴史読本・新人物往来社発行）
『坂本龍馬』（別冊歴史読本・新人物往来社発行）
『龍馬暗殺』（世界文化社発行）
『小栗上野介忠順と幕末維新』（高橋敏著・岩波書店発行）
『会津戦争のすべて』（会津史談会著・新人物往来社発行）
『詳説西郷隆盛年譜』（西郷南洲顕彰会発行）
『氷川清話』（勝海舟著・講談社発行）
『京都府の歴史』（山川出版社発行）
『「朝敵」から見た戊辰戦争』（水谷憲二著・洋泉社発行）
『大久保利通』（毛利敏彦著・中央公論新社発行）
『逆賊と元勲の明治』（鳥海靖著・講談社発行）
『幕末維新消された歴史』（安藤優一郎著・日本経済新聞出版社発行）
『ある明治人の記録―会津人柴五郎の遺書』（石光直人著・中央公論新社発行）
『明治六年政変』（毛利敏彦著・中央公論新社発行）
『勝海舟と西郷隆盛』（松浦玲著・岩波書店発行）
『西郷隆盛と明治維新』（坂野潤治著・講談社発行）
『庄内藩酒井家』（佐藤三郎著・東洋書院発行）
『官賊と幕臣』（原田伊織著・毎日ワンズ発行）
『徳川慶喜公伝』（渋沢栄一著・平凡社発行）
『昔夢会筆記』（渋沢栄一編・平凡社発行）

参考文献

『幕末会津藩』（歴史春秋出版発行）
『幕末史』（半藤一利著・新潮社発行）
『福沢山脈』（小島直記著・致知出版社発行）
『開国と幕末政治』（日本歴史大系・山川出版社発行）
『開国と攘夷』（小西四郎著・中央公論社発行）
『幕末乱世の群像』（吉田常吉著・吉川弘文館発行）
『明治維新と日本人』（芳賀徹著・講談社発行）
『幕末維新史の謎』（長文連著・批評社発行）
『函館戦争全史』（好川之範著・新人物往来社発行）
『幕末戊辰西南戦争』（歴史群像特別編集・学習研究社発行）
『会津戊辰戦争』（歴史読本編集部・新人物往来社発行）
『龍馬史』（磯田道史著・文藝春秋発行）
『徳川慶喜』（松浦玲著・中央公論社発行）
『幕末維新史・もう一つの読み方』（外川淳著・ベストセラーズ発行）
『福翁自伝』（福沢諭吉著・岩波書店発行）
『文明論之概略』（福沢諭吉著・岩波書店発行）
『逆説の日本史・幕末年代史編』（井沢元彦著・小学館発行）
『逆説の日本史・明治維新編』（井沢元彦著・小学館発行）
『もう一つの幕末史』（半藤一利著・三笠書房発行）

西郷隆盛ゆかりの地

北海道

函館市

○函館戦争の応援に、藩兵半大隊と砲隊半座の総差引として、藩船三邦丸で五月二十五日、函館港に到着する。同二十八日には函館を出航している。

山形県

鶴岡市

○明治元年（一八六八）九月二十六日、庄内藩は降伏するが、総督府下参謀・黒田清隆の指示で、庄内藩に寛大な処置をするよう告げられる。西郷隆盛は、降伏条件を追随し、その後、江戸・京都・大阪を経て、十一月初旬には薩摩に帰還している。

（注記）慶応四年九月八日より明治に改元としたが、新政府は「慶応四年を以て明治元年とする」としており、旧暦一月一日に遡って適用される。

酒田市

○明治二十二年（一八八九）、旧庄内藩士有志らによって『南洲翁遺訓』が編集される。

○昭和五十一年（一九七六）に、酒田飯森山下（現・酒田市）に南洲神社が創建される。史料・遺品が収蔵されている。

米沢市

○明治元年（一八六八）九月十四日、西郷は新政府軍本陣に着陣する。

新潟県

柏崎市

○明治元年（一八六八）七月二十三日、薩摩藩北陸出征軍の総差引（司令官）に任ぜられた西郷は、八月二日に薩摩を出立し、八月十日に越後柏崎に着陣している。
○九月二十七日、西郷は越後松ヶ崎を出立。

高田市

○明治元年（一八六八）八月十四日、西郷は戦傷がもとで死去した弟・吉二郎の墓を預かる高田日枝神社に、祭祀料三千疋を進呈する。

東京都

台東区

○明治元年（一八六八）四月四日、西郷は勅使・橋本実梁らと江戸城に入り、田安慶頼に勅書を伝え、四月十一日に江戸城明け渡しが行われている。
○上野公園に建つ西郷像は、高村光雲の像である。明治二十二年（一八八九）大日本帝国憲法発布に伴う大赦により、「逆徒」の汚名が除かれ、盟友である旧薩摩藩士・吉井友実（幸輔）ら旧薩摩藩士によって建設計画が進み、明治三十一年（一八九八）十二月十八日に除幕式が行われた。
○明治元年（一八六八）五月十五日、上野戦争が始まり、正面の黒門口を攻撃する薩摩兵を西郷は指揮する。

千代田区

○安政四年（一八五七）十二月六日、西郷は江戸に着く。八日に橋本左内を越前藩邸に訪ねる。将軍継嗣に関する斉彬の書簡を松平慶永に呈す。
○安政五年（一八五八）二月二十七日、西郷は越前藩に中根雪江を訪ねる。

文京区

○江戸藩邸にて庭方役となった西郷は、安政元年(一八五四)四月十日、小石川の水戸邸に行き、初めて戸田忠太夫・藤田東湖と会う。

○安政三年(一八五六)五月一日、水戸藩邸にて武田耕雲斎らと会う。

中央区

○明治六年(一八七三)十月二十三日、西郷は陸軍大将・参議・近衛都督の辞表を出し、官位返上を申し出ている。従者小牧新次郎と従僕熊吉を伴って日本橋小網町の自邸に入る。

江東区

○深川佐賀町伊東八兵衛宅で、菅・酒井の送別会に出席する。この席で「幾経辛酸」の詩を書く。

大田区

○西郷隆盛は、静岡で徳川慶喜の使者・山岡鉄舟から徳川処分案七か条を示された後、明治元年(一八六八)三月十一日、江戸池上本門寺の本陣に入る。

○明治元年(一八六八)四月二日、池上本門寺で西郷は、先鋒軍副総督柳原前光と接見する。

港区

○安政元年(一八五四)七月二十二日、増上寺へ斉彬のお供をして西郷は参詣している。

○明治元年(一八六八)三月十五日、江戸総攻撃決行の命令を各先鋒諸隊に伝えており、西郷は高輪の薩摩藩邸で、旧幕府陸軍総裁・勝海舟と会談する。

神奈川県

箱根町

○西郷の率いる薩摩軍は明治元年(一八六八)二月二十八日、東海道の要衝である箱根を占拠する。

横浜市

○明治四年（一八七一）二月一日、西郷らは横浜へと向かう。

静岡県

静岡市

○明治元年（一八六八）三月九日、慶喜護衛のために結成された精鋭隊の隊長であった旧幕臣・山岡鉄舟は、駿府上伝馬町（現・静岡市）の松崎屋源兵衛宅に滞在していた西郷と、江戸城開城の折衝をする。

（注記）西郷隆盛と山岡鉄舟の会見記念碑が伝馬町通にある。

三島市

○西郷は明治元年二月十二日、東海道先鋒軍薩摩諸隊差引（司令官）、同十四日には、東征大総督府下参謀に任じる。先鋒軍薩摩軍一番隊中村半次郎、二番隊村田新八、三番隊篠原国幹らを従え、二月には三島に本陣を敷いている。

京都府

京都市

○安政五年（一八五八）七月二十七日、京都で島津斉彬の訃報を聞き、殉死の覚悟を決めるが、月照らに説得されやめる。

○明治元年一月三日、西郷は伏見の戦線を視察する。

○西郷は御所の警備を指揮しており、小御所会議は、大久保利通に任せていた。会議が一旦休憩となり、助言を求められた西郷は「ただ、あいくち一本あれば片付く」と討幕派を勇気づけた。

○安政五年（一八五八）三月、月照・村岡（近衛家老女）らにより、内勅降下をはかる。

○文久二年（一八六二）四月六日、西郷は伏見で大久保利通と会う。

○慶応元年（一八六五）四月二十二日、小松帯刀・坂本龍馬とともに京都を出立。
○慶応元年（一八六五）六月二十四日、西郷は坂本龍馬らと京都で会見。下関寄港の違約を謝し、薩摩藩の名義で武器を購入する長州藩の要請を受託。
○慶応二年（一八六六）一月五日、西郷は村田新八・大山彦八とともに伏見に赴き、木戸孝允を迎える。
○慶応二年（一八六六）一月二十日、西郷は小松邸で小松帯刀とともに木戸孝允に会い、坂本龍馬立会のもと薩長提携を密約する。
○慶応三年（一八六七）六月二十二日、後藤象二郎・坂本龍馬・福岡孝弟・寺村左膳・西郷隆盛らと三本木で会談し、大政奉還の平和的政権移譲を肯定する薩土盟約を締結する。
○慶応三年（一八六七）十二月九日、王政復古の大号令が発せられる。西郷は参議として参画するが、小御所会議では御所を守護する。
○明治元年（一八六八）西郷は伏見の戦線を視察する。

八幡市

○明治元年一月五日、八幡の戦線を視察している。

大阪府

大阪市

○安政五年（一八五八）七月七日、西郷は吉井幸輔とともに土浦藩士・大久保要を訪ねる。
○元治元年（一八六四）九月十一日、西郷は堤・青山・吉井幸輔とともに大坂で神戸海軍操練所の勝海舟と会う。
○慶応元年（一八六五）九月二十四日、西郷は坂本龍馬を伴い大坂へ下る。

兵庫県

明石市

○西郷は、挙藩一致が求められる時期に和を乱したとして、島津久光の怒りを買い、明石で捕縛される。

神戸市

○明治四年（一八七一）一月二十七日、西郷は板垣を同伴して神戸へ行く。同二十九日、大久保利通・木戸孝允・山県有朋・板垣退助らと大坂へ向かう。

山口県

山口市

○慶応三年（一八六七）十月二十二日、西郷は「密勅」を持って長州藩本庁に行き、毛利敬親父子に挙兵を要請する。

下関市

○安政四年（一八五七）十一月十三日の夜、西郷は米良喜之助とともに乗船。下関より江戸に出航。

○文久二年（一八六二）三月二十二日、白石正一郎宅に着く。小河一敬・平野国臣らと会合。夜、村田・森山新蔵を伴い下関出航。

防府市

○慶応三年（一八六七）西郷は小松らとともに、芸州藩汽船万年丸で三田尻に寄港。山口に行く。

○慶応三年（一八六七）十一月十七日、三邦丸で藩主島津忠義に従い三田尻に着く。

○十一月十八日、長州藩世子毛利広封（元徳）らと会見。

○十一月十八日、毛利内匠・楫取素彦・国貞直人・山田市之允・片野十郎らと三藩出兵に関する協議をする。

広島県

広島市

○元治元年（一八六四）十一月二日、吉井とともに広島に着く。

岩国市

○元治元年（一八六四）十一月三日、吉川監物経幹と会談。三家老処分を申し入れる。

高知県

高知市

○明治四年（一八七一）一月十七日、西郷は桐野利秋ら三名と三田尻から土佐浦戸に上陸し、高知に着くと、大参事板垣退助に案内されて御用商人竹村左右武智邸に同宿。

熊本県

熊本市

○安政四年（一八五七）四月三日、参勤交代の帰路に熊本藩・長岡監物らと津田山三郎宅で接見し、国事に関して談判する。

○明治十年（一八七七）二月二十一日、西郷率いる薩軍は、二月十七日に加治木・人吉を経て熊本へと進軍した。

○二月二十二日、早朝から熊本城の総攻撃に出ており、熊本鎮台を包囲する。西郷は世継宮に到着した。

人吉市

○明治十年（一八七七）田原坂の攻防戦で敗退した西郷は、四月二十七日、人吉へ本営を移した。

○西郷は池上四郎に指示し、軍の財政を立て直すため、大量の軍票（西郷札）を発行する。

長崎県

○明治五年（一八七二）六月十四日、西郷は長崎に赴き四泊過ごしている。

福岡県

福岡市

○西郷は、お由良騒動で亡命して斉彬を訴えた工藤左門・北条右門と面会する。

北九州市

○元治元年（一八六四）十一月二十三日、副総督松平茂昭らと会う。長州処分案を述べ、強硬論の幕府・尾州藩を説得。

宮崎県

延岡市

○明治十年（一八七七）八月十四日、政府軍に追われた西郷は長井村可愛（現・延岡市）を本営とした。

○八月十五日、和田峠での大激戦の末、薩軍は敗退する。（『大西郷突囲戦史』）

都城市

○昭和四年（一九二九）南洲神社建立。

北川町

○西郷は、宮崎日向北方の長井村（現・宮崎県東臼杵郡北川町大字長井）において、正式に軍を解散している。側近らと鹿児島城山へと向かっている。

鹿児島県

鹿児島市

○鹿児島城下加治屋町山之口で、父・西郷九郎隆盛と母・マサの長男として生まれる。

○城山麓南洲翁終焉の地に銅像がある。

○上竜尾町に南洲神社が鎮座している。西南戦争の戦死者を埋葬する。

○元治元年（一八六四）十一月十六日、西郷は吉野町（龍ケ水）大崎ケ鼻沖で月照と寒中の海に身を投じたが蘇生する。

○明治八年（一八七五）六月十九日、西郷は有川十右衛門に誘われて桜島に渡る。

龍郷町

○安政五年（一八五八）十二月、西郷は幕府の追及を逃れるため、藩主の命によって職を解かれ、奄美大島に潜居する。

○文久二年（一八六二）一月十四日、西郷は阿丹崎を出帆して二月十二日に鹿児島へ帰還する。

南大隅町

○明治十年（一八七七）一月二十日、辺見十郎太・従僕矢太郎を連れ、大隅小根占に猟に行く。小根占川北の平瀬十助宅に泊まる。

湧水町

○明治九年（一八七六）四月十五日、西郷は栗野岳温泉に滞在する。

出水市

○明治八年（一八七五）一月九日、西郷は鹿児島県令・大山綱良と大野原の開墾候補地を実地検分する。

えびの市

○明治七年（一八七四）七月十三日、西郷は白鳥温泉で長期療養する。ここで、「官途逃去」を作詩する。

指宿市

○明治七年（一八七四）二月、西郷は山川鰻温泉で湯治し、遊猟をする。

日置市

○明治三年（一八七〇）四月、吹上温泉に行く。

徳之島町

○文久二年（一八六二）七月二日、西郷は湾仁屋湊に流刑となる。
○元治元年（一八六四）二月二十一日、藩の許しが出て召還となる。

和泊町

○文久二年（一八六二）沖永良部島へ流刑となった西郷は一年七か月入牢。
○明治三十六年（一九〇三）島民たちによって和泊に南洲神社が建立される。

霧島市

○明治元年（一八六八）六月十四日、西郷は療養のため日当山温泉に湯治する。
○明治二年（一八六九）二月、日当山温泉へ西郷は湯治に訪れる。
○明治二年（一八六九）五月五日、帰国後、吉田温泉に湯治に訪れる。
○明治八年（一八七五）十月一日、西郷は日当山の内村温泉に妻や子供たちを連れて逗留している。

瀬戸内町

○奄美大島西古見で島民の世話を受け三泊ほどしている。

年表

年次	西暦	年齢	事項
文政十年	一八二七	0	一月二十三日、鹿児島城下下加治屋町山之口馬場で、父・九郎隆盛（吉兵衛）と母マサの長男として誕生。
天保四年	一八三三	6	幼名を小吉と称す。
天保七年	一八三六	9	郷中の長稚児組に入る。
天保十年	一八三九	12	藩校造士館の帰路、友人と争い、右ひじを負傷する。 妹ヤスが生まれる。
天保十二年	一八四一	14	稚児頭を務める。元服し、吉之介隆永と称す。
天保十四年	一八四三	16	弟・信吾（従道）生まれる。
弘化元年	一八四四	17	藩の郡方書役助（筆者寄）となる。
弘化二年	一八四五	18	十一月一日、大刀流師範・大山後角右衛門に入門。
弘化三年	一八四六	19	郡奉行大野五右衛門の配下となる。
嘉永五年	一八五二	25	父母の勧めで、武村上之園住の伊集院兼寛の姉・スガと結婚。 七月十八日、祖父遊山没す。九月二十七日、父・吉兵衛死去。 十一月二十九日、母・マサ没す。
嘉永六年	一八五三	26	家督相続が許可される。吉之介から善兵衛へ改名願いを出す。
安政元年	一八五四	27	一月二十一日、藩主・島津斉彬の参勤に従う。 郡方書役助から中御小姓となり、江戸詰を仰せつけられる。 四月、庭方役となり、小石川の水戸邸に赴き、戸田忠太夫・藤田東湖と接見。 七月二十二日、斉彬に従い増上寺参詣。 八月二十七日、樺山とともに東湖を訪れ、時事を論ずる。

			久光の母・「おゆら」の暗殺を企てる。 妻・スガと離婚。
安政二年	一八五五	28	十月二日、斉彬は西郷に、側役堅山利武を通じ、政治資金五十両を与える。
安政三年	一八五六	29	五月一日、水戸藩の武田耕雲斎らと会う。
安政四年	一八五七	30	熊本で長岡監物を訪問。
安政五年	一八五八	31	四月、井伊直弼、大老に就任。 六月、日米修好通商条約調印。 七月、オランダ・ロシア・イギリスと修好通商条約締結。 七月七日、吉井幸輔（友実）とともに土浦藩士・大久保要を訪ねる。 七月十日、吉井とともに京都に入り、関東の情勢を梁川星巌らから聞く。 七月二十七日、斉彬の訃報に失望。 八月三十日、諸藩連合して朝廷を護り、井伊大老を排斥する計画を練る。 九月、日仏修好通商条約締結。 安政の大獄はじまる。 十月、徳川家茂、十四代将軍任官。 十月八日、藩命により西郷三助と改名する。 十一月十六日、龍ケ水大崎ケ鼻沖で月照と寒中に身を投じる。平野国臣らが救助し、西郷は蘇生したが、月照は死んだ。 十二月、西郷は奄美大島龍郷村阿丹崎に潜居する。
安政六年	一八五九	32	六月、長崎・函館・横浜の三港を開港。
万延元年	一八六〇	33	一月、咸臨丸、アメリカへ出航。 三月、桜田門外の変。井伊直弼殺害。
文久元年	一八六一	34	長州藩士・長井雅楽、開国と公武合体を唱える。
文久二年	一八六二	35	一月十四日、藩の許可により潜居を解かれ、奄美大島阿丹崎を出帆し、二月十二日、鹿児島へ着く。 四月六日、大久保と会う。

年次	西暦	年齢	事項
文久二年	一八六二	35	藩主・久光は、姫路で有村俊斎・堀から西郷が志士を先導していることを耳にし、激しく怒り、捕縛を命じる。 四月、寺田屋事件。 六月六日、大島三右衛門から大島吉之助へ改名を申し付けられる。 七月二日、徳之島湾仁屋湊へ流罪となる。 七月二十六日、弟・吉二郎・小兵衛は遠慮、信吾は謹慎処分となり、西郷家は知行高・家財没収となる。 八月、沖永良部島へ遠島となる。 八月、生麦事件勃発。 八月、会津藩主・松平容保、京都守護職に就く。
文久三年	一八六三	36	七月五日、真木和泉が遠島中の西郷に尊王攘夷を説く。 七月、薩英戦争始まる。 九月、薩英戦争の情報を求め、徳之島与人衆の政照と義兄弟の契りを交わす。 薩英戦争に参加する船を造るため、代官に船材の払い下げを願う。 脱獄・島抜けの準備が整う。 九月二十六日、琉球在番の米良助右衛門に、薩英戦争の情報を求め、ついでに紙と筆の送付を頼む。
元治元年	一八六四	37	一月一日、西郷に赦免の噂が流れる。 二月二十一日、吉井幸輔・西郷信吾・福山健偉らが、藩の蒸気船胡蝶丸で沖永良部島へ召還に来る。 同月二十八日、鹿児島に着き、海岸から駕籠で上之園の家に帰る。 同月二十九日、福昌寺の島津斉彬の墓を訪れる。 三月十八日、京都で久光に謁敬。同十九日、軍賦役兼諸藩応接係となる。三十五俵の扶持米を与えられる。 六月、池田屋事件。 七月、禁門の変。 八月、下関戦争。

			九月十一日、吉井幸輔とともに大坂で神戸海軍操練所の勝海舟と会う。勝の意見に感服する。 十月十二日、征長軍の参謀となる。 十月十四日、吉井とともに京都から大坂へ向かう。 十月二十二日、吉井幸輔とともに軍議に参加。 十月二十四日、西郷は総督・徳川慶勝と会い、意見を上申、脇差を与えられる。このとき、長州処分を託される。 禁門の変の軍功を称えられ感状を受理する。 十一月二日、西郷は吉井とともに広島に着くと、直ちに岩国に向かい吉川監物経幹と会談。三家老の処分を要請する。 同月十九日、西郷は三家老の首実検をした旨を、京都の小松帯刀に書簡で知らせる。 十二月、第一次長州征伐終結。
慶応元年	一八六五	38	一月二十八日、小番御家老座書役岩山八郎太直温の二女・イトと結婚する。 二月六日、村田新八・坂木六郎とともに鹿児島より大宰府に赴き、初めて五卿に会う。 四月二十二日、小松帯刀とともに京都を発ち、坂本龍馬同行。四月二十五日、藩船胡蝶丸で大坂へ。 五月、坂本龍馬、長崎亀山に社中を結成。 六月二十四日、坂本龍馬と京都で会見。下関で会う約束に反したことを謝す。龍馬の仲介で、長州藩は薩摩藩の名義で武器を購入する要請を受託する。 九月二十四日、坂本龍馬を伴い大坂へ下る。 十月四日、久光に上京出兵を説く。久光は出兵を避け、代わりに小松・西郷らは藩兵を率いて鹿児島を発つ。藩兵の兵糧は坂本龍馬に頼む。
慶応二年	一八六六	39	一月八日、村田新八・大山彦八とともに伏見で木戸孝允を迎える。木戸らとともに京都に帰着。 一月二十日、京都・小松邸で坂本龍馬立ち会いのもと、薩長密約を結ぶ。坂本龍馬は寺田屋で幕吏に襲われる。 三月四日、小松・木戸・吉井・坂本龍馬夫妻とともに、藩船三邦丸で大坂へ向かう。 三月十一日、西郷らに伴われ、坂本龍馬夫妻は鹿児島に着く。

年次	西暦	年齢	事項
慶応二年	一八六六	39	十二月、徳川慶喜が十五代将軍となる。
慶応三年	一八六七	40	一月、明治天皇、皇位に就く。 六月二十一日、西郷は中岡・板垣らの土佐藩の過激派同志を巻き込んで、薩土討幕密約を交わしている。 六月二十二日、西郷は後藤象二郎・坂本龍馬・寺村左膳らと京都三本木で大政奉還の薩土盟約が成立する。 九月九日、西郷は後藤象二郎の挙兵延期要請を拒否する。 十月十四日、西郷の工作により、討幕の偽密勅と会津・桑名加誅に、大久保・小松・品川らと連名で請書を出す。その請書に西郷吉之助武雄と著名する。 偽密勅を大義とする西郷は、十月十七日、小松・広沢・大久保らとともに大坂を出航し、三田尻から山口の毛利敬親父子・楫取素彦らと謁見。挙兵について説く。 十一月十五日、坂本龍馬・中岡慎太郎が、近江屋で暗殺される。 十二月九日、薩摩・安芸・尾張・越前四藩の藩兵に出動命令を出す。 土佐藩が出動に参加し、「王政復古の大号令」発布される。朝議のあと、小御所会議が開かれる。
明治元年	一八六八	41	一月三日、鳥羽・伏見の戦いが始まる。 八幡攻略戦を視察。前線に出たことを藩主に叱られる。 二月十二日、東海道先鋒軍の薩摩諸隊差引に任じる。 二月十四日、東征大総督府下参謀に任命される。 二月二十八日、静岡に進出。独断で先鋒軍を箱根へ進出させる。箱根を占拠し、三島を本陣とする。 三月三日、三島から静岡に引き返す。 同日、西郷は東山道先鋒総督府先鋒嚮導隊の浪士・相楽総三らを偽官軍として捕捉、下諏訪で斬罪に処す。 三月九日、益満休之助が山岡鉄太郎を静岡まで案内する。 西郷は山岡鉄舟と駿府にて会見。山岡に徳川処分案七ケ条を示す。 三月十日、静岡を進発し、十一日に江戸・池上本門寺の本営に入る。

			三月十五日、江戸城総攻撃決行の命令を各道の先鋒諸隊に命じる。 高輪の薩摩藩邸で、旧幕府陸軍総裁勝安房（海舟）と会談。 西郷は、勝と橋本屋で二度目の会談をし、勝は持参した七ケ条を明示する。 江戸城総攻撃を中止。三月二十日、京都で朝議にかけ了承される。 四月二日、江戸池上本門寺で先鋒軍副総督柳原前光と会う。 西郷は勅使橋本実梁・柳原前光に従い、江戸城へ入り、西丸で田安慶頼に勅許を伝える。同日、徳川慶喜は江戸を発ち、退隠のため水戸に向かう。 勝海舟は江戸城明け渡しまで、政府軍諸隊に江戸の包囲を命じ、風上からの火攻めの準備をする。 五月十五日、新政府軍、上野の彰義隊を攻撃。 七月、江戸を東京と改称。 七月、長岡城再陥落。 九月九日、庄内藩が降伏する。同日、越後松ケ崎を進発した西郷は、九月十四日に米沢に着陣。同月二十七日、山形庄内に着陣すると、直ちに黒田清隆に庄内藩の敗戦処理を任せ、二十九日に江戸に戻る。 九月二十二日、松平容保が会津城を開城し降伏。 十一月初旬、鹿児島に凱旋。日当山温泉で寛ぐ。
明治二年	一八六九	42	一月十八日、朝廷から出仕を促されたが拒否する。 二月初旬、日当山温泉で湯治する。 五月一日、西郷は函館戦争の支援に、藩兵大隊と砲隊の総差引として、藩船三邦丸で鹿児島湾を出航。 函館五稜郭開城。榎本武揚以下降伏し、戊辰戦争終結する。 五月二十五日、西郷は函館湾に着くが、既に戦いは終わっていた。 五月二十八日、西郷は函館を出航。浦賀で太政官から賞典禄永世二千石を下賜する。 六月五日、西郷は政府から残留の命令を受けるが、帰国の途につく。 九月二十六日、西郷、正三位に叙せられる。
明治四年	一八七一	44	七月十四日、明治新政府は廃藩置県を断行する。

年次	西暦	年齢	事項
明治四年	一八七一	44	十月八日、外務卿・岩倉具視を特命全権大使とし、参議・木戸孝允、大蔵卿・大久保利通、工部大輔・伊藤博文、外務少輔・山口尚芳を副使とする使節団を、欧米諸国へ派遣する。 十月十七日、西郷は留守中を大蔵省事務監督となる。 官制・軍制の改革や警察制度の確立に尽力する。 十一月、岩倉欧米使節団出発。
明治六年	一八七三	46	五月十日、徴兵令の実地に伴い、西郷は陸軍元帥兼参議から陸軍大将兼参議となる。 六月十二日、朝鮮出兵問題が閣議される。 九月、岩倉使節団、帰国。 十月十四日、西郷は朝鮮への使節派遣を主張。それに対して、大久保利通は反対。 十月二十三日、朝鮮派遣使節が中止となり、西郷は征韓論に敗れる。 陸軍大将兼参議・近衛都督が辞表を提出。 十月二十八日、西郷が横浜港から鹿児島へ帰還する。同行したのは、腹心の桐野利秋・篠原国幹以下、薩摩出身の軍人・官吏である。
明治七年	一八七四	47	二月、佐賀の乱。 四月、西郷従道の要請で、台湾出兵のため八百人を長崎へ送る。 五月、台湾出兵計画。 六月、西郷は、鹿児島で銃隊学校・砲隊学校・幼年学校などの私学校を創設する。 五月、台湾出兵が決定。木戸孝允らは反対して辞職する。
明治九年	一八七六	49	三月、帯刀禁止令公布。 十月、萩の乱・神風連の乱・秋月の乱が起こる。
明治十年	一八七七		二月十七日、西郷軍は鹿児島を進発。 二十二日、西郷軍熊本城を総攻撃する。 三月一日、田原坂の攻防が始まる。同四日、田原坂総攻撃で篠原国幹が戦死する。 同二十一日、黒田清隆率いる政府軍が八代に上陸。 五月、木戸孝允病没。

			二月十七日、西郷軍は鹿児島を進発。 二十二日、西郷軍熊本城を総攻撃する。 三月一日、田原坂の攻防が始まる。同四日、田原坂総攻撃で篠原国幹が戦死する。 同二十一日、黒田清隆率いる政府軍が八代に上陸。 五月、木戸孝允病没。 九月六日、政府軍が西郷の立て籠もる城山を包囲する。 九月二十四日、熊本鎮台の総攻撃が開始され西郷軍全滅。 九月二十四日、西郷隆盛自刃。享年四十九歳。西南戦争終結。山県有朋は、西郷の首を丁重に取り扱う。 西郷らの遺体を浄光明寺跡墓地に埋葬する。
明治十一年	一八七八		五月、大久保利通暗殺。
明治三十一年	一八九八		十二月十八日、東京上野に元薩摩藩士らによって西郷隆盛の銅像が建立される。
大正十一年	一九二二		六月三日、西郷イト亡くなる。

付録

坂本龍馬書簡（慶応二年十二月四日付、高知県立坂本龍馬記念館蔵）

坂本龍馬が、兄権平らに宛てて認めた書簡。寺田屋事件など、慶応二年の出来事が綴られている。

従来、写本によって内容のみが知られていたが、龍馬直筆の原本が発見され、平成二十九年に公開された。発見されたのは六枚で、全文の四割程にあたる。そのうち一枚目と二枚目には「西郷吉之助（隆盛）」の名が見え、親しげな様子が書かれている。

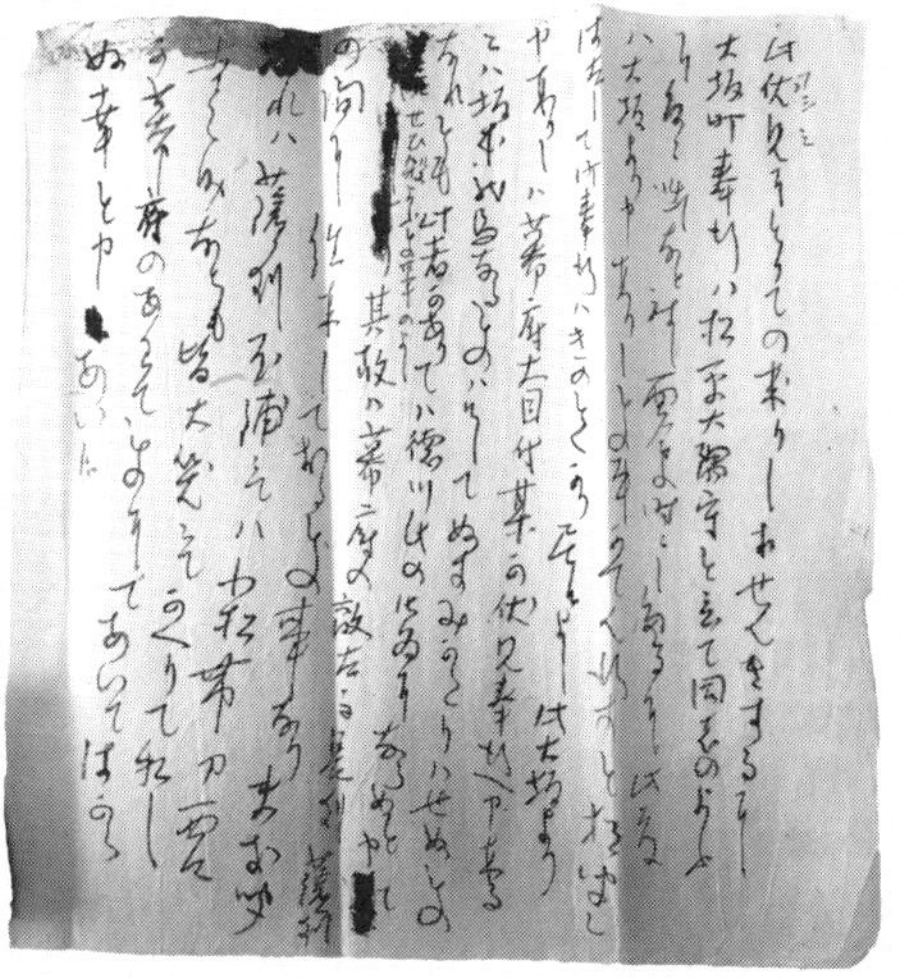

此伏見《フシミ》にとりての来りしおせんきするに
大坂町奉行ハ松平大隅守と云て同志のよふ
に度〻咄しなと致し面会時〻したるに此度
ハ大坂より申来りしとの事かてん行すと猶聞ニ
はたして町奉行ハきのとくかり居候よし此大坂より
申来りしハ幕府大目附某か伏見奉行へ申来る
ニハ坂本龍馬なるものハけしてぬすみかたりハせぬもの
なれとも此者かありてハ徳川氏の御為にならぬと申て
せひ殺よふとの事のよし其故ハ幕府の敵たる長州薩州
の間に往来しておるとの事なり夫お聞
たれハ薩州屋鋪ニてハ小松帯刀西郷
吉之助なとも皆大笑ニてかへりて私し
か幕府のあわてものにであいてはから
ぬ幸と申あい候

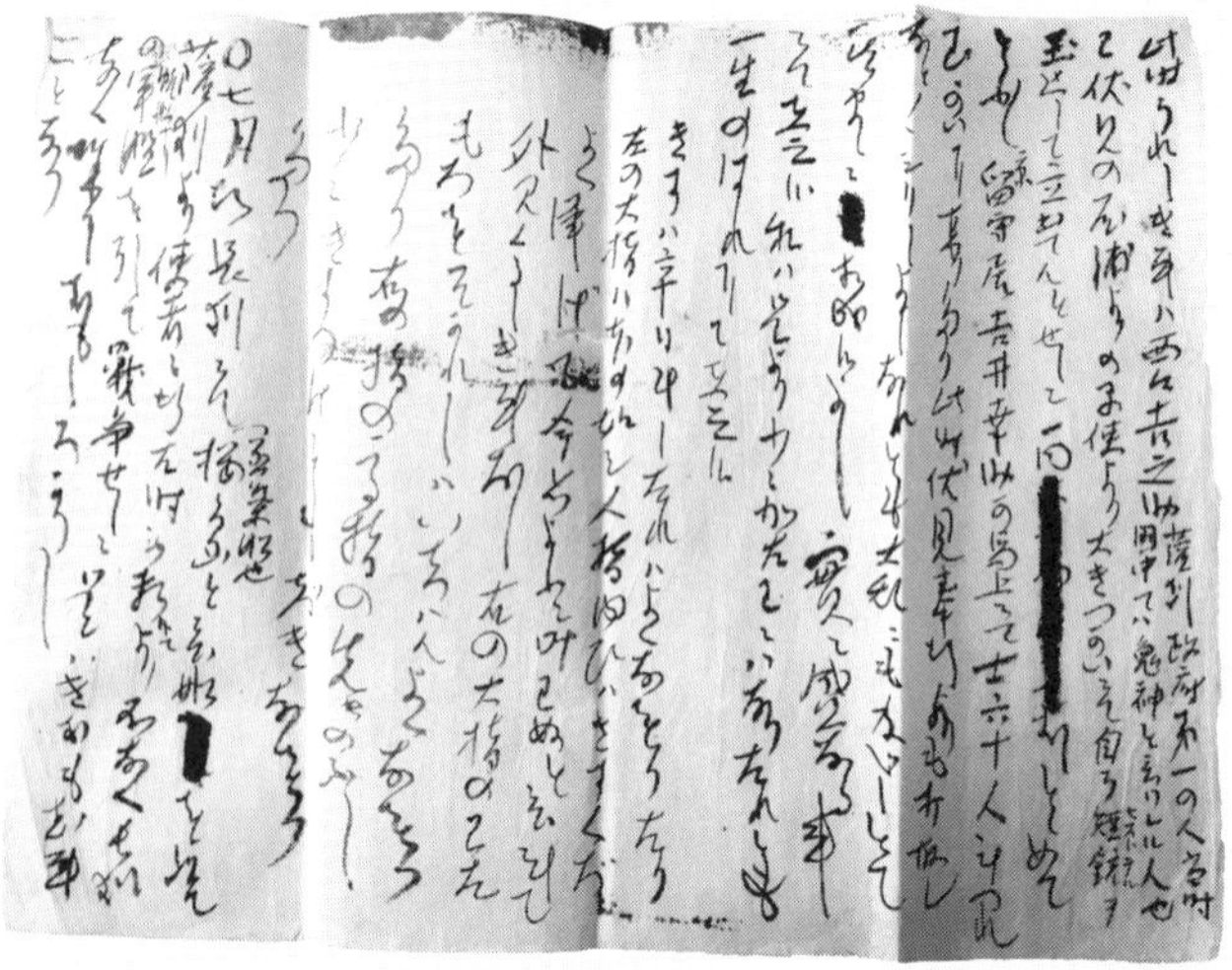

此時うれしき事ハ西郷吉之助薩州政府第一之人当時国中てハ鬼神と云ワレル人也
わ伏見の屋鋪よりの早使より大きつかいニて自ら短銃《ヒストヲル》ヲ
玉込して立出てんとせしニ一同おしとゝめて
とふ〳〵京留守居吉井幸助か馬上ニて士六拾人斗つれ
むかいに来りたり此時伏見奉行よりも打取レ
なとノヽシリしよしなれとも大乱ニも及べしとて
其まゝニ相成候よし実ニ盛なる事
ニて在之候私ハ是より少々かたわニハなりたれとも
一生のはれにて在之候
　きすハ六十日斗したれハよくなをりたり
左の大指ハ本の如シ人指ゆひハきすくち
よくつげて今思よふニ叶わぬと云斗て
外見くるしき事なし右の大指のわた
もちをそかれしハいちハんよくなをり
たり右の指の高指の先キのふし
少さきすつけともじきなをり
たり
○七月頃長州ニて桜島《蒸気船也》と云船を以て
薩州より使者ニ行た時被頼候てより所なく長州
の軍艦《帆船ナリ》を引て戦争せしニ是ハきおもむ事
なく誠ニおもしろかりし
ことなり

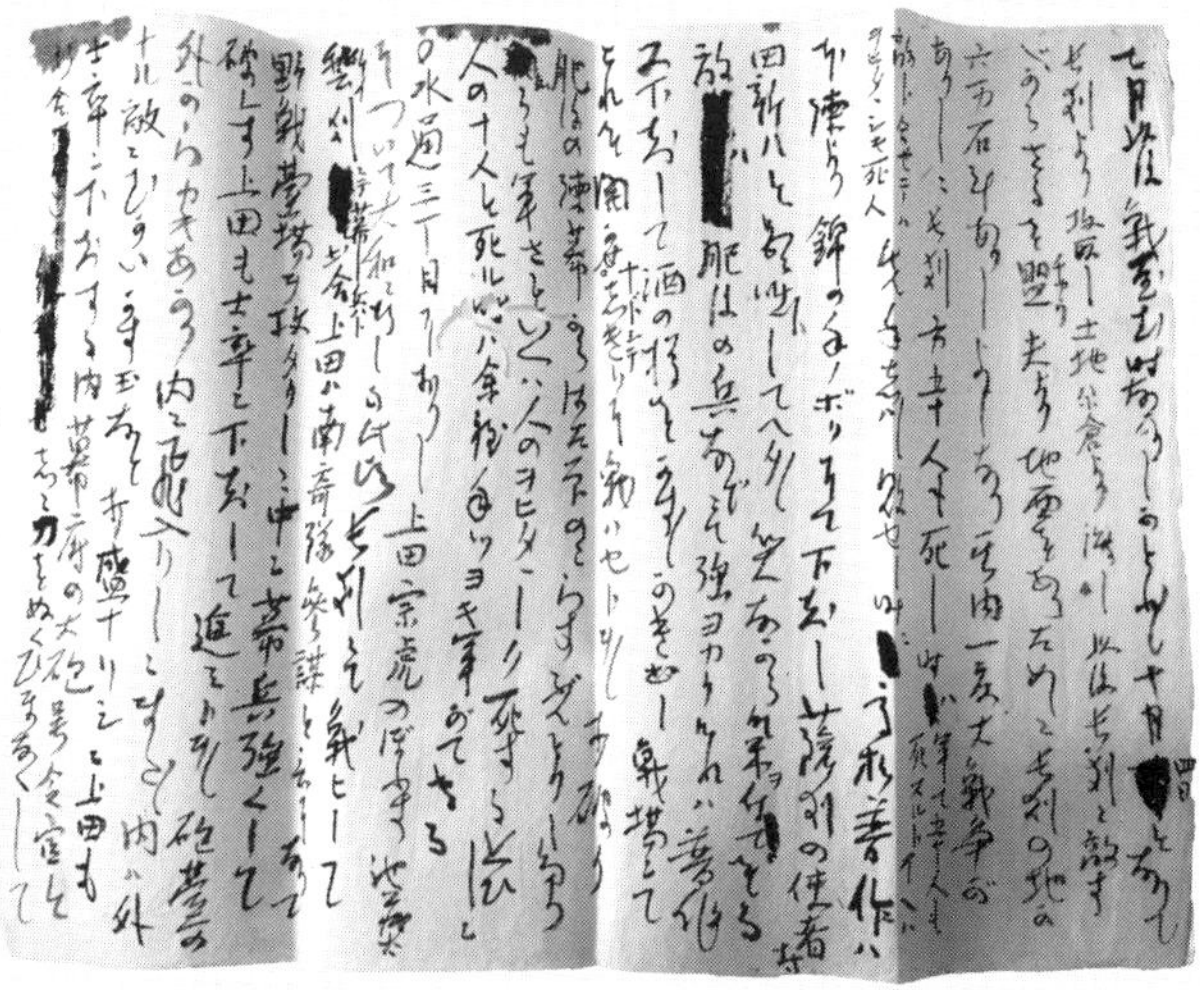

七月以後戦やむ時なかりしかとふ〳〵十月四日となりて
長州より攻取し土地ハ小倉より渡し以後長州ニ敵す
べからさるを盟《チカウ》夫より地面をあらためしに長州の地か
六万石斗ありしよしなり其内一度大戦争が
ありしニ長州方五十人も死し時ハ軍て五十人も死スルトイヘハ
敵ト合せテハヲヒタ、シキ死人先手しハ〳〵敗せし時ニ高杉普作ハ
本陣より錦の手ノボリにて下知し薩州の使者村
田新八と色〻咄ししてヘタ〳〵笑なから気ヲ付てをる
敵ハ肥後の兵などニて強ヨカリけれハ普作
又下知して酒の樽をかす〳〵かき出し戦場ニて
これを開かせナドシテしきりに戦ハセトヲ〳〵打破り
肥後の陣幕からはた印のこらすぶんとりしたり
私らも軍さといへハ人のヲヒタ、しク死する思ひしニ
人の十人と死ル時ハ余程手ツヨキ軍ができる
○水道三丁目におりし上田宗虎のぼふす池蔵太
について大和ニ行しか此頃長州ニて戦ヒして
芸州ニテ幕兵ト出合上田ハ南奇隊参謀と云になりて
野戦臺場ヲ攻タリしニ中〻幕兵強くして
破レす上田も士卒ニ下知して進ミトヲ〳〵砲臺の
外からカキあかり内ニ飛入りしニまた〳〵内ハ外
ナル敵ニむかいかす玉なと打盛ナリシニ上田も
士卒ニ下知する内幕府の大砲号令官と
行合しニ刀をぬくひまなくして

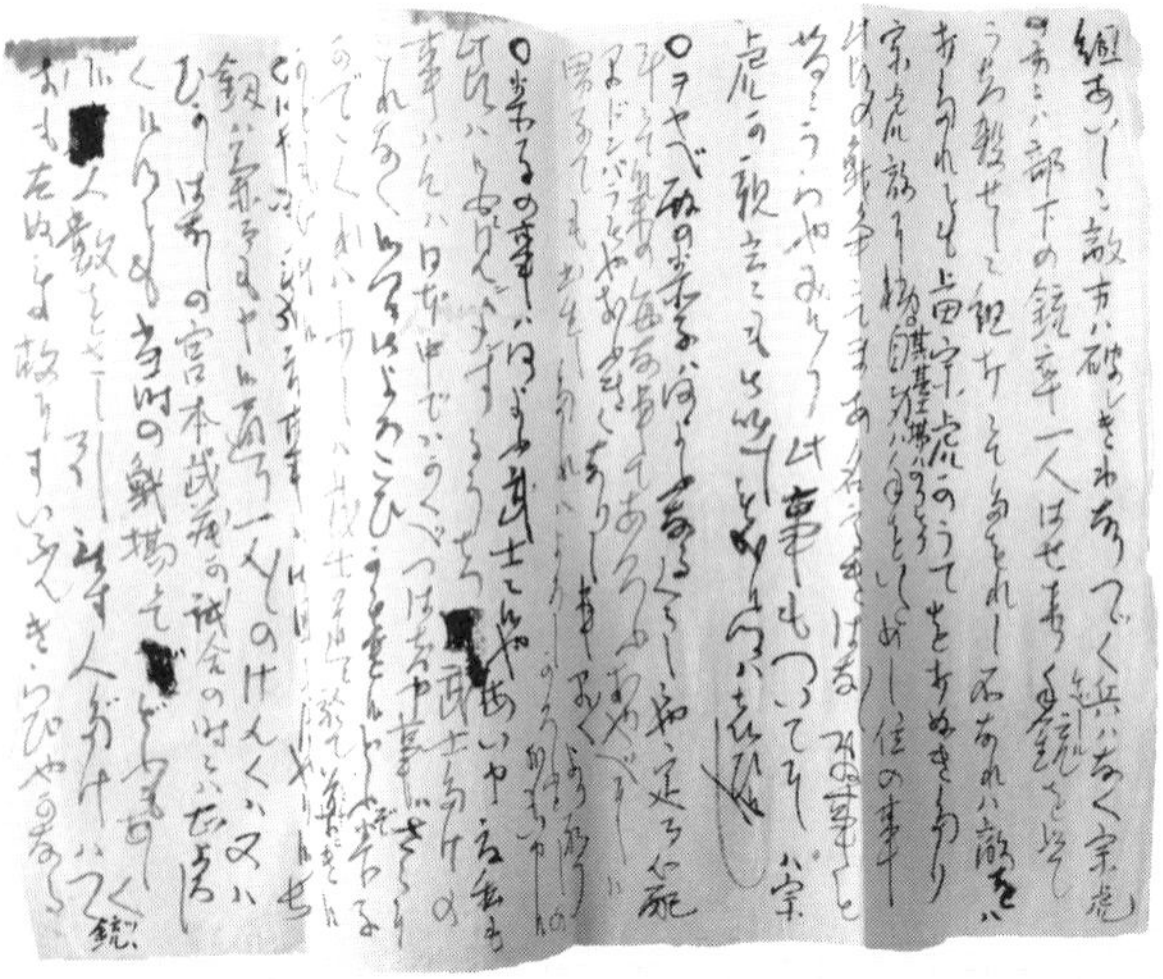

組あいしニ敵方ハ破れきわなりつゞく兵ハなく宗虎
の方ニハ部下の銃卒壱人はせ来り手銃《ケベール》を以て
うち殺せし二組打ニてたをれし所なれハ敵をハ
打たれとも宗虎かうてを打ぬきたり
宗虎敵に働其台場ハのりとり自身ハ手をいためし位の事
此頃の戦争ニてまあ名高きはな〱敷事と
皆〻うらやみけり此事もついてにハ宗
虎か親立ニも御咄し被成候得ハ喜ひ候也
○ヲヤベ殿の養子ハ何よふなるくらしニや定而心配
斗ニて気の毒な事てあろふおやべにハ
早ドンバラとやおほきなりし事早くより承りしか
男子ても出生したれハよろしかろふとおもい申候
○養子の事ハ何よふ武士に候やあい申度私も
此頃は色〻見ニ聞ニするうち武士たけの
事ハ今ハ日本中でハかくべつはち申事ハさらに
これなく候間御よろこび可被遣候どふぞ養子
かでゝくれハ少しハ武士道ニ於て導《ミチビ》き候
かども心付候
○御申聞被成度事ハ御国ニてはやり候長
鈫ハ兼而も申候通り一人〱のけんくハ又ハ
むかしはなしの宮本武蔵か試合の時ニハ甚よろし
く候得とも当時の戦場ニてハどふもあしく
候人数をさし引致す人だけハつゝ銃
おもたぬもの故にすいふんきらびやかなる

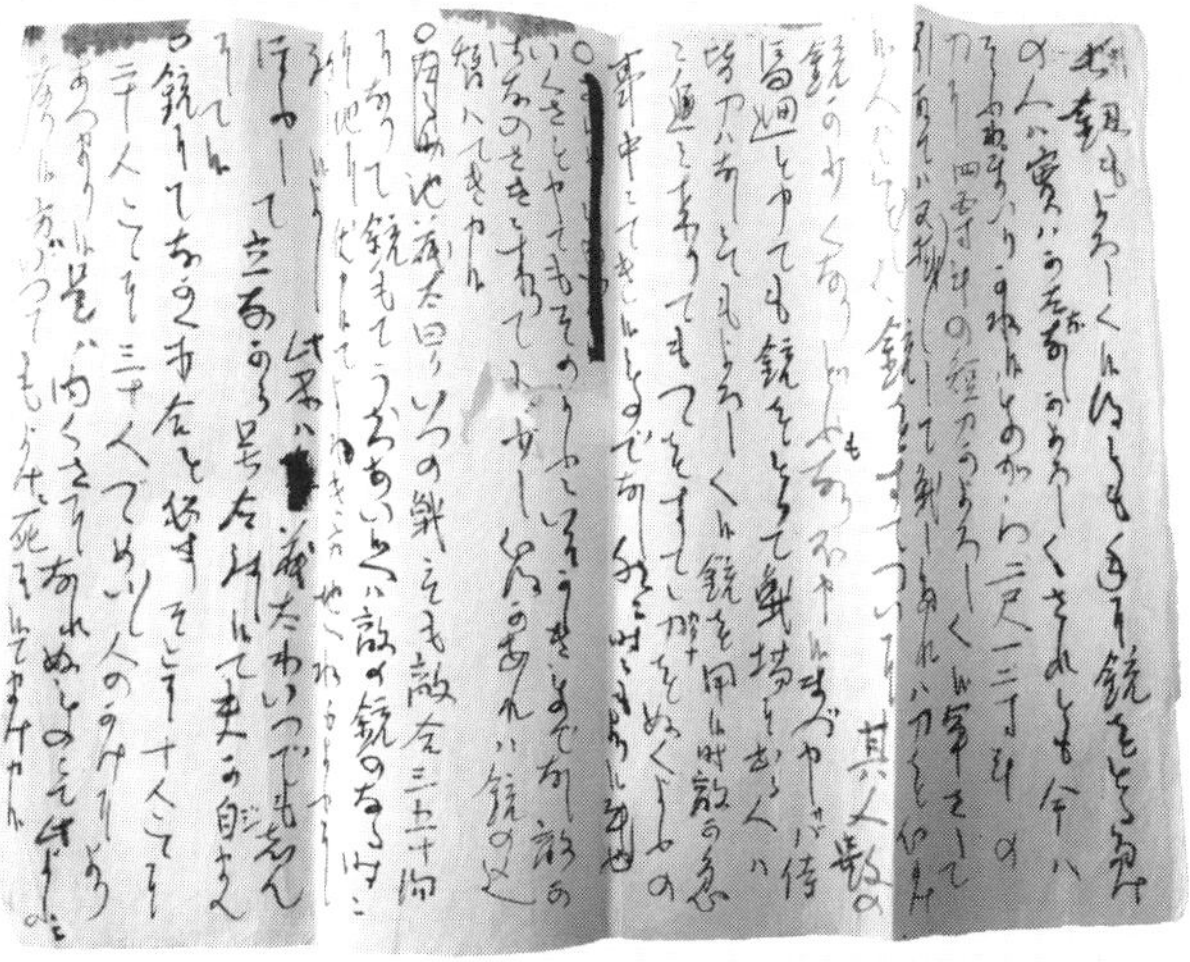

長釼もよろしく候得とも手に銃を取るたけ
の人ハ実ハかたななしかよろしくされとも今ハ
そふわまいりかね候ものから二尺一二寸斗の
刀に四五寸斗の短刀かよろしく候軍さして
引取てハ又掛〳〵して戦したれハ刀を心かけ
候人ハこと〳〵く銃をすてついに其人数の
銃か少くなりどふもなり不申候まづ申サバ侍
馬廻と申ても銃をとりて戦場に出る人ハ
皆刀ハなしニてもよろしく候銃を用候時敵か急
々進ミ来りてもつゝをすてゝ刀をぬくよふの
事中々てき候ものでなし然ニ時ニもより候事也
○
いくさと申てもそのよふニいそかしきものでなし敵か
はなのさきニ来りても少し心得かあれハ銃の込
替ハてき申候
○池蔵太曰クいつの戦ニても敵合三五十間
になりて銃もてうちあい候へハ銃の音のなる時々
に地に伏申候てよわき方地へねるよふに
致し候よし此所ハ蔵太わいつでもしん
ほふして立なから号令致し候て夫か自《ジ》まん
にて候
○銃にてなかく打合と必すそこに十人こゝに
二十人こゝに三十人づゝめい〳〵人のかけにより
あつまり候是ハ内くさになれぬものニて此よふニ
なり候方ハいつてもよけニ死に候てまけ申候

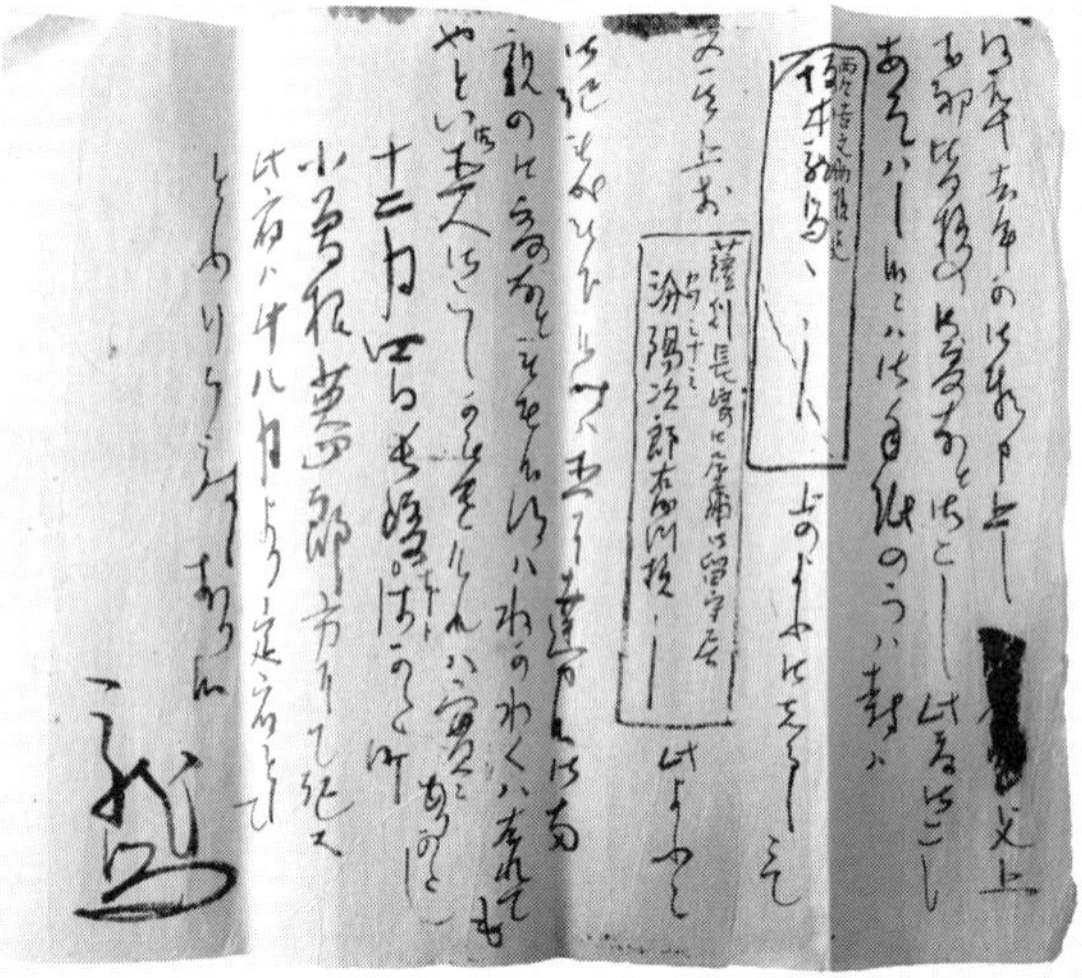

何卒去年か御頼申上し父上
お初皆様の御哥なと御こし此度御こし
あそハし候ニハ御手紙のうハ封ハ

上のよふにしるしニて
又其上お

此よふニ
御記被成被下候時ハ直に達申候御両
親の御哥なと被遣候得ハねかわくハたれても
やとい御直へ御こし可被遣けれハ実ニありかたし
十二月四日長崎本トはかた町
小曽根英四郎方にて記ス
此宿ハ此八月より定宿として
とふりう致しおり候

龍馬

〔著者紹介〕

大野富次（おおのとみじ）

歴史研究者・郷土史家。群馬郷土史研究所主宰。1945年、群馬県沼田市生まれ。群馬銀行勤務を経て、実用書・医学書の販売会社を経営。主な著書に『松陰の妹二人を愛した名県令・楫取素彦』（日刊工業新聞社）、『剣豪・上泉信綱の魅力』（「歴史読本」掲載・新人物往来社）、『真説龍馬暗殺・その後』（叢文社）、『今こそ知りたい！真田幸村 50の謎』（KADOKAWA）、『文化勲章者の背信』（新風舎）ほか多数。群馬県前橋市在住。

龍馬を殺した男 西郷隆盛

2017年11月15日 第1刷発行

著　者　大野富次
発行者　宮下玄覇
発行所　株式会社宮帯出版社
京都本社 〒602-8488
京都市上京区真倉町739-1
営業(075)441-7747　編集(075)441-7722
東京支社 〒160-0017
東京都新宿区左門町21
電話(03)3355-5555
http://www.miyaobi.com/publishing/
振替口座 00960-7-279886

印刷所　モリモト印刷株式会社

　ISBN978-4-8016-0129-1 C0021